KB139376

블록체인의 미해결 문제

＊ 일러두기

- 이 책은 닛케이BP사의 인터넷 IT 종합 사이트 'ITpro'(현재는 '닛케이 크로스테크(日経xTECH)'로 통합)에 연재된 〈블록체인은 정말 세상을 바꿀까〉(tech.nikkeibp.co.jp/it/atcl/column/16/062400138/)를 가필 및 수정한 것입니다.
- 이 책에 기재된 회사명과 상품명은 각사의 등록 상표 및 상표이며 ®, ™ 등은 생략했습니다.
- 이 책의 내용은 취재와 집필 시점의 정보를 기준으로 한 것이기 때문에 책을 읽는 시점에서는 달라진 내용이 있을 수 있습니다.
- 이 책의 내용에 따른 결과 발생한 일에 대해서 저자와 출판사는 일체의 책임을 지지 않습니다.

BLOCKCHAIN GIJUTSU NO MIKAIKETSU MONDAI

written by Shin'ichiro Matsuo, Masanori Kusunoki, Natsuhiko Sakimura, Kazue Sako, Masashi Sato, Tatsuya Hayashi, Ryou Furukawa, Shinichi Miyazawa

Copyright © 2018 by Shin'ichiro Matsuo, Masanori Kusunoki, Natsuhiko Sakimura, Kazue Sako, Tatsuya Hayashi, Ryou Furukawa, SECOM CO., LTD. All rights reserved.

Originally published in Japan by Nikkei Business Publications, Inc.
Korean translation rights arranged with Nikkei Business Publications, Inc.
through Japan Uni Agency, Inc., Tokyo and Korea Copyright Center, Korea.

블록체인의 미해결 문제

더욱 완벽한 기술이 되기 위해서
블록체인이 풀어야 할 문제는
무엇인가?

마쓰오 신이치로, 구스노키 마사노리,
사키무라 나쓰히코, 사코 가즈에, 사토 마사시,
하야시 다쓰야, 후루카와 료, 미야자와 신이치 지음

이현욱 옮김

한스미디어

더욱 성숙한 블록체인 기술을 위하여

'블록체인'이라는 기술 용어가 최근 수년간 매우 큰 관심을 모으면서 블록체인이 가져올 새로운 혁신의 가능성에 대한 기대도 고조되고 있다. 특히 2015년 이후에 블록체인은 인터넷 혁명에 가까운 수준의 파괴적 기술Disruptive Technology이라 불리게 되었다.

⬡ 블록체인은 금융 이외의 분야에서도 이용할 수 있다

블록체인의 시작은 2008년에 사토시 나카모토Satoshi Nakamoto가 발표한 비트코인 관련 논문으로, 처음에는 금융을 바꿀 기술로 주목을 받았다. 그런데 2015년부터 각국에서 암호화폐Cryptocurrency 규제에 관한 논의가 본격화되면서 규제 범위 밖에서의 활용을 생각하게 되었다. 이때 비트코인의 핵심 기술인 블록체인의 뛰어난 특성과 응용 가능성이 주목을 받게 된다. 그 결과, 금융과 기술의 융합 영역인 핀테크FinTech만이 아니라 더 넓은 영역을 대상으로 활용할 수 있을 것이라는 기대가 커지고 있다. 현재 블록체인의 활용 연구는 매우 활발하게 이루어지고 있다. 세계적인 금융기관과 IT 벤더를 중심으로 다수의 기업과 각국 정부가 이 연구에 뛰어들고 있다.

한편, 현 시점에서 블록체인 기술의 성숙도에 대해 의문을 제기하는 사람도 많다. 인터넷으로 말하자면 1980년대 후반의 여명기 수준에 지나지 않는다는 지적도 있다. 2016년 6월 18일(일본 시간)에는 블록체인 관계자들을 깜짝 놀라게 한 사건도 일어났다. 블록체인 플랫폼 이더리움Ethereum상에서 구축한 사업 투자 펀드 더 다오The Decentralized Autonomous Organization, The DAO가 사이버 공격을 받아 펀드의 암호화폐가 유출된 것이다. 이더리움상의 프로그램 코드를 기반으로 한 분산형 자율 투자 펀드인 더 다오의 코드 취약성을 이용한 사이버 공격이었다. 이 사건과 그 후 이더리움 커뮤니티의 대응은 블록체인 기술의 현 상황과 앞으로의 과제에 대해서 다시 한번 되짚어보는 계기가 되었다.

2017년에는 수많은 암호화폐공개Initial Coin Offering, ICO 프로젝트가 거액의 사업 자금을 조달하면서 블록체인이 새롭게 주목을 받았다. 그리고 기술적인 측면뿐만 아니라 비트코인 가격의 급등과 분열 등 블록체인을 둘러싼 수많은 과제들이 표면 위로 드러나게 되었다.

⬡ 현 상황은 2000년 전후의 인터넷 버블과 비슷하다

인터넷이 중앙집권적인 조직이 쥐고 있던 통신의 주도권을 일반 시민에게 넘겨준 것처럼, 블록체인은 데이터의 축적으로 성립·유지되는 중앙집권적인 조직과 서비스의 주도권을 일반 시민에게 넘겨줄 가능성을 가지고 있다. 그렇기 때문에 실리콘밸리뿐만 아니라 전 세계의 혁신가Innovator들이 주목하는 것이다.

그런데 인터넷의 역사와 비교해보면 블록체인의 움직임은 지나치게 빠르게 느껴지는 부분이 있다. 인터넷이 상용화된 것은 아르파넷ARPANET이 시작된 지 20년 이상, 트위터나 링크드인LinkedIn 등의 SNS가 본격적으로 이용되기 시작한 것은 인터넷 상용화로부터 다시 10년 이상이 흐른 뒤부터였다. 기술을 축적하여 혁신을 일으키는 데는 보통 이 정도의 시간이 걸린다. 그런데 현재 벌어지는 블록체인을

블록체인의 미해결 문제

둘러싼 소동은 이 과정을 전부 뛰어넘는 경우가 많다. 마치 2000년 전후의 인터넷 버블과 흡사한 상황이라 할 수 있다.

인터넷도 당시 등장한 통신 방식 중 하나인 비동기 전송 모드 Asynchronous Transfer Mode, ATM에 비해 중복성redundancy이 있고 확장성scalability도 부족하다고 평가되었다. 하지만 인터넷이 가져올 혁신의 민주화를 믿었던 사람들이 그 가능성을 실현하기 위해 기술적 과제를 해결해 왔다.

📦 인터넷에서 배운 역사의 교훈

현재 블록체인에 관련된 움직임을 살펴보면 블록체인의 본질적인 가치를 이해하지 못한 채 비즈니스나 경제적 이익을 우선시하는 경우가 적지 않다. 이 상태로는 인터넷 버블과 같은 상황이 다시 발생할 가능성이 높다. 그렇게 되지 않기 위해서는 블록체인이 가져올 본질적인 혁신을 제대로 이해하고 혁신에 성공하기 위해 해결해야 할 과제가 무엇인지 알아야 한다. 그리고 블록체인 시대의 승자가 되기 위해서 착실하게 필요한 단계를 밟아나가야 한다. 이것이 인터넷의 개발과 보급 과정에서 배울 수 있는 역사적인 교훈이다.

이 책의 목적은 블록체인 시대의 본질을 제대로 파악하고 활약하기 위해서 필요한 시점을 제공하는 것이다. 이 책이 제시한 블록체인의 본질과 과제를 제대로 이해하는 것이 다가올 블록체인 시대를 살아가는 생존법이 될 것이다.

⬡ 이 책의 구성

이 책에서는 먼저 블록체인에 대한 기본적인 지식과 응용 사례를 소개한 다음 블록체인의 현 상황에 대한 문제 제기와 과제 해결의 방향성에 대해 설명한다. 이 책은 미래 사회의 기반이 될 기술로 유망한 블록체인의 특성을 보다 효과적으로 활용할 수 있는 방법에 대해 고찰할 때 유용한 참고 자료가 될 것이다.

이 책의 집필에는 다양한 필자들이 참여했는데, 집필진은 암호 및 응용 기술의 설계 및 운용에 오랜 기간 참여한 연구자와 기술자들이다.

이 책은 닛케이BP사日経BP社의 인터넷 IT 종합 사이트인 'ITpro'에 연재된 〈블록체인은 정말 세상을 바꿀까〉의 내용을 기초로 하고 있다. 2016년 6월부터 2017년 2월까지 이루어진 이 인터넷 연재는 블록체인 기술의 본질과 문제에 초점을 맞춰서 진행되었다. 여기서 지적한 문제는 지금도 해결되지 않았다. 오히려 제기한 문제가 현실에서 더 크게 대두되고 있는 상황이다. 이것이 이 연재의 가치를 보여주고 있다고 생각한다.

블록체인의 세계에서는 엄청난 속도로 변화가 일어난다. 이 책에는 인터넷 연재가 끝난 후에 나타난 새로운 세계적인 움직임도 추가하여 우리가 해야만 하는 '문제 해결'의 중요성을 더욱 강조했다. 그래서 새롭게 가필하여 실은 장chapter도 있다. 결과적으로 연재를 이미 읽은 독자도 충분히 만족할 만한 책이 되었다고 생각한다.

필자를 대표하여,
조지타운대학교 MIT 미디어 연구소
마쓰오 신이치로

목차

제1장

블록체인의 기본 개념

사토 마사시

세콤 주식회사 IS 연구소 커뮤니케이션 플랫폼 디비전
암호·인증 기반 그룹 주임연구원

BLOCK CHAIN
INNOVATION

블록체인의 종류

블록체인 기술을 직접 이용한 플랫폼과 이를 응용한 다양한 서비스가 등장하면서 블록체인에 대한 관심이 높아지고 있다. 블록체인이 활용 가능한 영역은 아주 광범위하기 때문에 여러 분야에서 블록체인이라는 키워드를 접할 기회가 늘어났다.

그런데 사실 블록체인으로 총칭되기는 하지만 블록체인에는 다음과 같은 다양한 종류가 있다. 이 종류에 따라 목적, 설계 사상, 구현 방법, 이용 대상 애플리케이션 등이 달라진다.

① 비트코인상에서 구현된 플랫폼 또는 서비스

예: 옴니Omni, 카운터파티Counterparty, 컬러드코인Colored coins, 프루프 오브

이그지스턴스Proof of Existence

② 비트코인을 응용하거나 비트코인 개념에서 파생된 새로운 암호화폐

　　예: 라이트코인Litecoin, 모나코인Monacoin

③ 암호화폐의 거래와 '스마트 계약Smart Contract'이라 불리는 코드의 실행
이 이루어지는 새로운 플랫폼

　　예: 이더리움Ethereum, 하이퍼레저 패브릭Hyperledger Fabric

④ ③의 플랫폼 위에서 제공되는 서비스

　　예: 더 다오, 에버레저Everledger

⑤ 특정 용도나 특정 참가자의 한정 운용을 전제로 한 프라이빗 블록
체인

　　예: 멀티체인Multichain, 하이퍼레저 패브릭

(※ 위의 예시 중에는 이 책이 발행된 시점에 실증실험 단계이거나 구상 단계 또는 프로
젝트나 서비스가 종료된 경우도 있다.)

이 책의 목적은 블록체인 논의에서 논점이 되는 내용을 정리하
는 것이다. 이를 위해서는 먼저 논의의 대상이 되는 블록체인에 관한
공통적인 개념을 정리해야 한다. 그래서 제1장에서는 블록체인이라
불리는 것들의 대표적인 메커니즘에서 공통적인 요소를 추출하여
블록체인의 개념에 대해 정리하고자 한다.

세상에 존재하는 여러 가지 블록체인은 다양한 관점에서 분류
할 수 있다. 대표적으로 '퍼블릭 블록체인Public Blockchain'과 '프라이빗 블

록체인Private Blockchain'으로 분류하는 방법이 있다. 크게 블록체인 운용에 누구나 참가할 수 있는 '퍼블릭 블록체인'과, 참가에 승인과 같은 제약이 존재하는 '프라이빗 블록체인'으로 나누는 것이다. 이 정의에는 물론 다른 의견도 존재한다.

이 책에서는 논점을 알기 쉽게 하기 위해 퍼블릭 블록체인에 주안점을 두고 프라이빗 블록체인은 하나의 특수한 형태로 다루기로 한다.

블록체인의 데이터 구조

　블록체인이라고 하면 대표적인 예로 비트코인에 사용된 블록체인 기술을 떠올리는 사람이 많을 것이다. 따라서 여기서는 비트코인에 사용된 블록체인에 대해서 간단하게 설명하겠다.

　비트코인에서는 비트코인 사용자의 디지털 서명Digital Signature이 된 거래 정보(트랜잭션)의 연쇄와 이를 기록하여 네트워크 참가자 사이에서 공유하는 장부(블록체인)로 트랜잭션의 조작을 검출하고 증명하는 작업이 이루어져 비트코인의 부정 이용이 방지된다.

　비트코인 네트워크상에 기록되는 트랜잭션은 일정한 간격으로 생성되는 블록으로 집약된다. 각 트랜잭션 데이터에서는 해시함수를 사용하여 해시값을 생성하고, 이 해시값이 나무 구조로 차례차례 연

블록체인의 미해결 문제

결되어 해시트리(또는 머클트리)를 만든다(도표 1-1). 그리고 블록 헤더라 불리는 블록의 영역에 해시트리의 정점(루트)이 되는 해시값을 저장하고 블록 헤더에서 다시 해시값을 생성한다. 이런 방식으로 블록이 만들어진다.

이 블록 헤더에 바로 직전 생성된 블록 헤더의 해시값이 포함되기 때문에 비트코인 네트워크가 시작된 시점부터 현재까지 생성된 일련의 블록이 체인처럼 연결되어 '블록체인'이 만들어지는 것이다. 과거의 거래 정보 데이터가 조작된다 하더라도 해시값의 불일치로 부정행위를 발견할 수 있으며, 해시값을 연쇄시키기 때문에 불법적인 방법으로 해시값을 치환하기 어렵다.

블록체인은 이런 방식으로 데이터의 일관성을 유지하기 때문에 과거 트랜잭션의 증명이 가능하다. 그래서 블록체인 시스템 전체의

[도표 1-1] 트랜잭션과 블록의 해시값의 연쇄

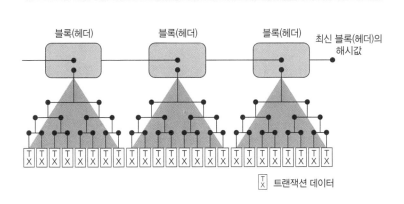

무결성Integrity을 유지할 수 있는 것이다.

비트코인은 '작업증명Proof of Work, PoW'이라 불리는 채굴mining 행위를 통해 블록의 생성과 네트워크상의 공유, 그리고 블록체인의 불변성을 실현하려 한다. 비트코인 이외에 블록체인을 이용하는 시스템에서도 블록 생성 방법이나 공유 메커니즘이 다를 수는 있지만 해시체인을 통해 과거의 트랜잭션 이력 정보를 증명한다는 점은 공통적이다.

그런데 이와 같은 데이터 조작 검출이나 존재 증명 시스템 자체는 새로운 기술이 아니며 이전부터 존재했다. 예를 들어 디지털 서명의 연쇄로 조작 검출과 연속성을 담보하는 기술로는 '히스테리시스 서명Hysteresis Signature'이 있다. 그리고 해시체인이나 해시트리를 사용한 데이터의 존재 증명 방식으로는 ISO/IEC 18014-3으로 표준화된 '링킹 방식 시점 확인Time-stamp' 기술이 있다. 슈어티Surety와 가드타임Guardtime에서는 이를 활용한 디지털 시점 확인 서비스를 제공하고 있다.

위의 기술과 특징은 다르지만 RFC 4998/RFC 6283으로 표준화된 '증거기록구문Evidence Record Syntax, ERS'이라는 시스템도 있다. 이 외에 최근에는 인증서 투명성Certificate Transparency, RFC 6962이라 불리는 SSL/TLS 서버 증명서 발행 이력의 보존과 공개에도 해시트리가 이용되고 있다. 이처럼 해시트리는 복수의 데이터를 통합하고 증명하는 데 굉장히 편리한 수단이기 때문에 여러 기술에 활용되고 있다. 단, 안전한 해시함수를 사용하는 것이 전제가 되어야 한다는 점에는 주의해야 한다.

블록체인의 미해결 문제

블록체인의 특징

이처럼 기존에도 블록체인과 유사한 기술이 있었기 때문에 해시체인이나 해시트리를 사용한 데이터의 검증 작업 시스템을 전부 '블록체인'이라고 정의하기에는 무리가 있다.

기존의 기술과는 다른 블록체인의 대표적인 특징을 정리하면 다음과 같다.

블록체인의 특징 ① : 거래나 코드 실행 등의 환경도 제공한다

기존 기술의 목표는 일반적인 데이터(예: 전자계약에서 보존해야 하는 파일, 저작권 보호 대상 파일 등)를 대상으로 존재 증명(존재 시각, 데이터의 변조 여부 등의 검증)을 하는 것이다.

이에 비해 블록체인 기술은 암호화폐 거래의 트랜잭션 또는 실행 가능한 코드를 갖춘 계약 등이 실행될 수 있는 환경도 함께 제공한다. 참고로, 프루프 오브 이그지스턴스와 같이 블록체인을 이용한 일반적인 데이터의 존재 증명 서비스도 있다.

▢ 블록체인의 특징 ② : 탈중앙화된 관리를 추구한다

기존 기술은 신뢰할 수 있는 제3자 기관의 존재가 전제되어야 한다. 일반적으로 해시체인이나 해시트리의 생성은 서비스 사업자가 담당하고 검증이 필요한 해시값은 신문이나 관보에 공표된다. 기존에는 이와 같은 구조로 조작을 방지하고 불변성을 유지해왔다. 이에 비해 블록체인을 이용한 시스템은 특정 기관에 관리를 맡기는 것이 아니라 탈중앙화된 관리를 추구한다.

블록체인을 이용한 플랫폼을 탈중앙화된 방식으로 관리하려면 블록체인 네트워크에 참가하는 참여자가 각자의 역할을 수행하여 참여자의 자치적인 활동으로 시스템 전체가 기능해야 한다.

이를 위해서는 블록체인 네트워크 내에서 이용 가능한 암호화폐에 대한 규정(네트워크 참가자의 움직임을 촉진하는 윤활유로 작용)과 블록체인이 분기하지 않도록 하는 시스템(작업증명에 관련된 규칙 등)의 도입 등으로 네트워크를 건전하게 유지해야 한다.

이와 같은 탈중앙화된 시스템을 구현하기 위해서는 다수의 참여가 필요하므로 생태계는 더 복잡해질 것으로 보인다.

블록체인의 미해결 문제

탈중앙화를 실현하기 위한 요소

특정 기관에 의존하지 않고 탈중앙화된 방식으로 관리·운용하기 위해서는 블록체인 생태계에 관련된 모든 관계자가 정책과 규칙을 공유하고 지켜야 한다. 여기서는 블록체인 생태계를 다음과 같이 분해해서 생각하기로 한다.

① 블록체인 운영에 관한 정책과 규칙을 결정하는 커뮤니티

② 블록체인 구축을 위한 소프트웨어를 제공하는 개발자 커뮤니티

③ 소프트웨어를 사용하여 네트워크의 노드가 되는 참가자(참가자는 다음과 같은 역할을 하며, 몇 가지 역할을 겸하기도 한다)

　③-① 트랜잭션의 생성과 참조를 실행하는 이용자(블록체인 내에서 이

용 가능한 화폐 등의 사용이나 코드의 실행을 요구하는 소비자)

③-② 블록의 생성자

③-③ 트랜잭션과 이를 기록하는 블록/블록체인의 검증자

③-④ 블록체인 기반의 플랫폼상에서 실행되는 코드(계약)를 작성
하고 서비스를 구현하는 서비스 제공자

③-⑤ 코드의 실행자

④ 블록체인 기반 서비스의 제공자와 이용자

①의 커뮤니티는 블록체인의 목적, 제공 범위, 설계와 운용 방법
에 관한 규정 및 이를 책정하기 위한 의사결정 방법 등 운영 전체에
관한 정책과 규칙을 결정한다.

이 결정에 따라 ②의 개발자 커뮤니티는 블록체인 네트워크상에
서 지켜져야 할 규칙을 소프트웨어로 구현하여 제공한다. 여기서 말
하는 네트워크상에서 지켜져야 할 규칙이란 트랜잭션의 생성 및 검
증 방법, 거래의 실행 방법, 블록의 생성 및 검증 방법, 네트워크상에
서 공유하고 불변성을 유지하는 시스템(작업증명, 지분증명) 등이다.

현재 다수의 블록체인에서는 ①과 ②의 커뮤니티가 거의 하나로
합쳐진 상태이며, ②는 단일 커뮤니티인 경우가 많다.

③은 블록체인 네트워크의 참가자로 ②에서 제공하는 소프트웨
어를 사용한다. 블록체인은 네트워크 참가자 간 이해관계의 균형을
통해 특정 기관의 통제 없이 시스템 전체의 데이터 일치를 실현하고

블록체인의 미해결 문제

자 한다. 그렇기 때문에 블록체인 운영의 전체적인 방침을 결정하는 ①과 소프트웨어를 제공하는 ②의 영향력이 크다고 할 수 있다.

　예를 들면 ③이 지켜야 할 규칙 가운데 하나로 네트워크상에서 합의를 형성하는 시스템을 도입한다고 해도 ①이나 ②에 의한 상위의 의사결정에 따라 특정 네트워크 참가자를 배제하거나 블록체인을 과거의 상태로 되돌려 네트워크상의 합의를 뒤집는 일이 가능하다. 더 다오의 암호화폐 유출 문제를 해결하기 위해 이더리움의 블록체인을 해킹이 일어나기 전의 상태로 되돌린 사건을 떠올리는 독자도 있을 것이다. ③의 네트워크상에서 지켜야 할 규칙의 실행은 ①과 ②의 거버넌스가 적절하다는 것이 전제가 되어야 한다.

네트워크 참가자 간의 역학관계

③의 네트워크 참가자 사이에는 역학관계가 존재한다. ③의 역할 중에는 ③-②의 블록 생성자의 역할이 가장 중요하다. 블록 생성을 통제할 수 있다면 트랜잭션 이력을 과거로 되돌려 암호화폐를 이중으로 사용하거나 다른 참가자의 블록 생성 또는 트랜잭션 실행을 저지하는 일도 가능하기 때문이다. 그래서 블록체인 시스템에서는 블록 생성의 통제를 방지하는 다양한 대책을 마련하고 있다.

그리고 비트코인이 문제에 직면한 것처럼 블록체인의 네트워크 규모가 커질수록 블록체인의 데이터 크기가 커지는 것은 막을 수 없기 때문에 네트워크 참가자들이 블록체인을 직접 검증하는 것이 힘들어질 것으로 예상된다. 결과적으로 블록체인의 검증을 담당하는 참가자와 그 검증 결과를 받아들여야 하는 참가자 사이에서 역학관계가 형성될 가능성도 있다.

또한 블록체인 내에서 이용 가능한 화폐 등을 사용하는 소비자 중에서도 많은 화폐를 소유한 자와 그렇지 않은 자, 예를 들면 블록체인 운용 초기부터 자산을 축적한 기득권과 새롭게 참여하게 된 신입과의 관계에서도 힘의 관계가 작용할 것이다. 자산이 많은 기득권층은 ③의 네트워크를 넘어 ①이나 ②의 의사결정에 영향력을 행사할지도 모른다.

④의 서비스 제공자는 블록체인 네트워크상에서 ③의 여러 역할 중 한 역할을 담당하면서 새로운 서비스를 이용자에게 제공한다.

서비스 방법으로는 암호화폐 거래소나 서비스 이용자의 지갑 관리(디지털 서명키의 관리 위탁)와 같은 블록체인 기능을 이용한 서비스, 더 다오와 같은 블록체인상에서 실행되는 코드를 활용한 서비스 등이 있다.

어떤 서비스라도 서비스 제공자의 서비스 구현이나 운용이 부적절하다면 서비스 이용자에게 손해를 끼칠 뿐만 아니라 최악의 경우에는 기반 기술인 블록체인 기술 운용에 지장이 생기거나 신용에 문제가 발생하는 사태가 벌어질 수도 있다.

극복해야 할 과제

이처럼 탈중앙화 방식으로 운영되는 블록체인을 실현하기 위해서는 극복해야 할 과제가 있다. 바로 정책과 규칙을 결정하는 커뮤니티, 소프트웨어를 제공하는 커뮤니티, 네트워크상에서 다양한 역할을 하는 참가자에 대한 거버넌스 실현이다. 이 외에 건전한 블록체인 네트워크를 계속적으로 이어가기 위한 동기부여를 유지하는 것도 역시 중요한 과제다.

이와 같은 과제를 해결하기 위해서는 항상 생태계 전체를 바라보고 블록체인의 안전성을 높은 수준으로 유지하는 것이 중요하다. 네트워크의 규모가 커질수록, 그리고 블록체인 플랫폼에서 실행되는 서비스의 중요성이 커질수록 문제는 더 확대될 것으로 보이기 때문이다.

　블록체인은 다양한 분야에서 응용되고 있다. 그 기능과 규모의 확충 등 진전 정도는 아주 놀라울 정도다. 하지만 블록체인이 안전한 플랫폼이 되기 위해서는 먼저 블록체인의 생태계를 반드시 이해해야 한다.

제2장

부정행위를 방지하는
합의 형성 방법
'작업증명'

사코 카즈에

NEC 시큐리티 연구소 기술 주간

제1장에서 설명한 것처럼 블록체인은 트랜잭션 이력을 다수의 노드가 각각 분산하여 저장하는 탈중앙화가 특징인 기술이다. 제2장에서는 트랜잭션 이력을 축적하는 구조에 주목하여 블록체인의 기본적인 동작 원리에 대해서 소개하겠다.

이력 축적 시스템으로서의 세 가지 요소

이력 축적 시스템으로서의 블록체인에는 세 종류의 역할이 있다. 거래 이력 데이터를 생성하는 '데이터 생성자', 이력 데이터를 관리하는 '데이터 관리자', 이력 데이터를 참조하는 '데이터 참조자' 역할이다.

사전에 마련된 데이터 생성자가 생성하는 데이터 가운데 무엇이 이력으로 합당한지 결정하는 '규칙'이 블록체인의 사양이 된다.

이 이력 축적 시스템에 대해 외부가 요구하는 조건은 명확하다. '정당한 데이터 생성자가 만든 데이터만 이력으로 남긴다', '한 번 기록된 이력은 변경되지 않는다', '축적된 이력은 참조자가 참조할 수 있다'라는 세 가지 조건이다.

데이터 관리자를 무조건적으로 신뢰할 수 있다면 이 세 가지는 일반적인 데이터베이스에서도 실현이 가능하다. 굳이 블록체인을 사용하지 않아도 데이터 관리자가 데이터 생성자를 검증한 다음 생성 데이터를 수신·등록하여 관리하면 된다.

하지만 데이터 관리자를 신뢰할 수 없는 경우에는 데이터에 대해 '정말 그 데이터 생성자가 등록한 것이 맞는가?', '데이터 관리자가 조작하지는 않았는가?'와 같은 불안이 생길 수밖에 없다.

블록체인의 미해결 문제

일관성을 담보하는 해시체인

여기에 바로 블록체인의 존재 의의가 있다. 블록체인을 사용하면 신뢰할 수 있는 데이터 관리자 없이도 이런 외부 조건을 충족시킬 수 있다. 이때 사용하는 기술이 '디지털 서명Digital Signature'과 '해시체인Hashchain'이다.

데이터 생성자는 등록하고 싶은 데이터에 자신의 디지털 서명(생성자만 가진 비밀키로 암호 처리한 데이터)을 한다. 그런 다음 데이터 관리자는 디지털 서명이 된 이 데이터를 이력 관리 시스템에 기록한다. 데이터에 생성자의 서명이 있기 때문에 데이터 관리자도 조작이 불가능하다. 만약 조작을 한다 해도 데이터 참조를 하면 서명 검증(생성자의 공개키를 사용하여 데이터의 일치를 확인하는 절차)이 되지 않기 때문에 조작이 드러나게 된다.

그런데 디지털 서명은 특정 생성자가 확실히 데이터를 생성했다는 정당성은 보증해주지만, 복수의 생성자가 생성한 이력 데이터가 존재하는 경우의 순서의 일관성은 보증해주지 않는다. 예를 들어 데이터 관리자가 한 참조자에게는 'A의 데이터 ⇨ B의 데이터 ⇨ C의 데이터'의 순서로 표시하고 다른 참조자에게는 자의적으로 'A의 데이터 ⇨ C의 데이터 ⇨ B의 데이터'의 순서로 표시한다면 이력 축적 시스템으로서의 일관성을 보장할 수 없다.

이러한 일관성을 담보해주는 것이 바로 해시체인이라는 기술이다(도표 2-1).

[도표 2-1] 해시체인의 기본 구조

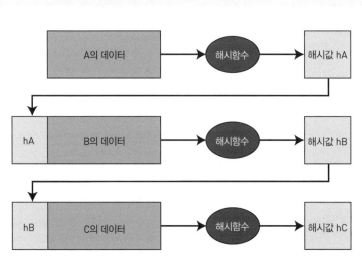

블록체인의 미해결 문제

데이터 관리자는 먼저 A의 데이터를 수신한 다음 A의 데이터의 해시값을 공개한다. 그 다음 데이터 관리자가 B의 데이터를 수신하면 직전에 공개한 해시값과 B의 데이터를 연결한 해시값을 공개한다. 마찬가지로 C의 데이터를 수신한 다음에는 직전의 해시값과 C의 데이터를 연결한 해시값을 공개한다.

해시값이란 임의의 길이의 입력 데이터에서 비교적 짧은 고정된 길이의 비트열을 산출하는 '해시함수'의 출력값이다. 해시함수는 입력값이 1비트라도 다르면 해시값이 완전히 달라지도록 만들어졌다. 따라서 원래 A, B, C의 순서로 되어 있는 이력 데이터를 A, C, B의 순서로 표시하면 공개된 해시값과 불일치가 발생하기 때문에 부정행위를 검출할 수 있다.

부정행위를 어떤 방법으로 방지할까

디지털 서명과 해시체인을 함께 사용해도 신뢰할 수 없는 데이터 관리자가 있을 수 있다. 데이터 관리자가 '등록 데이터를 방치'하는 것이다. 데이터 생성자에게 등록 의뢰를 받은 서명된 데이터를 등록하지 않고 그대로 두는 부정행위가 일어날 수 있다.

이런 행위를 방지하기 위해서 블록체인에서는 복수의 관리자를 두고 데이터 관리자가 P2P_{Peer-to-Peer} 네트워크를 통해 서로의 컴퓨터에 접속하는 구성을 모색 중이다.

데이터 등록을 원하는 생성자는 복수의 데이터 관리자 가운데 누구에게 등록 의뢰를 해도 상관없다. 데이터 관리자들은 서로 간에 등록 의뢰 데이터를 주고받기 때문에 복수의 관리자에게 데이터가 전달된다.

복수의 데이터 관리자가 존재하는 경우에는 데이터 관리자 간의 합의를 통해 어떤 데이터를 어떤 순서로 '이력'으로 축적할지 결정해야 한다. P2P 네트워크에서 공유되는 데이터가 전원의 데이터 관리자에게 반드시 같은 순서로 전달되었다고는 할 수 없기 때문이다.

이런 분산 시스템의 합의 형성 알고리즘은 1980년대부터 비잔틴 장애 허용Byzantine Fault Tolerance, BFT 프로토콜로 연구되어 왔다.

BFT 프로토콜은 데이터 관리자의 역할을 담당하는 시스템 중 몇몇에서 고장이 발생하거나 부정행위가 일어나도 나머지 데이터 관리자가 합의할 수 있는 시스템을 제공한다. 단 BFT 프로토콜은 사전에 누가 데이터 관리자인지 전원이 알고 있는 시스템에만 적용할 수 있다. 여기에 비트코인의 블록체인이 주목을 받는 이유가 있다. '누가 데이터 관리자인지 상황을 전부 파악하지 못하는' 시스템에서도 어떤 데이터를 어떤 순서로 등록할지 데이터 관리자 간에 합의할 수 있는 규칙을 고안해냈다는 점이다.

비트코인의 블록체인에서는 이 규칙으로 '작업증명' 방식을 채택했다. 구체적으로 말하자면 암호 퍼즐을 가장 빨리 맞추는 사람이 어떤 데이터를 등록할지 결정하는 이른바 '가장 빠른 자 승리의 규칙'이라 할 수 있다.

각 데이터 관리자는 자신에게 모인 이력으로 남길 데이터 후보를 한 덩어리로 합쳐 블록 후보로 정한다. 그리고 최신 블록의 해시값과

한 덩어리로 만든 블록 후보의 데이터 값을 이용하여 '암호 퍼즐'을 푼다. 퍼즐을 맞추면 퍼즐의 답과 블록 후보를 다른 데이터 관리자에게 P2P 네트워크로 송신한다.

이 퍼즐의 답이 맞다면 다른 참가자들은 그 블록 후보를 '새로운 블록'으로 간주한다. 그리고 자신에게 모인 이력 후보 데이터를 이 새로운 블록에 연결하기 위해 다음 암호 퍼즐에 도전한다. 이런 방식으로 블록의 순서가 정해진다.

암호 퍼즐의 내용

'암호 퍼즐'이란 어떤 것인지 구체적으로 살펴보자.

여기서 해시함수가 등장한다. 해시함수는 아주 작은 값이라도 입력이 틀리면 전혀 다른 값이 출력된다. 또한 해시함수의 출력 결과에서 입력값을 예상하거나 같은 출력 결과가 나오는 두 가지 입력값을 발견하는 것이 굉장히 어렵다.

비트코인이 채택한 작업증명의 암호 퍼즐을 수학적으로 표현하면 '현재 최신 블록의 해시값(B)과 한 덩어리로 합친 데이터(D1⋯Dm), 그리고 임의의 데이터(x)를 해시함수에 입력한 결과 출력이 규정값(k)보다 작아지도록 데이터(x)를 찾는 것'이다.

일반적으로 해시함수의 출력값은 256비트의 아주 큰 값이다. 이 출력값을 연속된 0으로 시작되며 규정값보다 작은 값으로 만들기 위해서는 여러 '데이터(x)'를 입력해보는 수밖에 없다. 비트코인에서는 이 시도가 평균 10분 정도 걸리도록 과거의 소요 시간을 참고하여 프로그램이 동적으로 규정값(k)의 크기를 결정하고 있다.

이처럼 암호 퍼즐의 답(x)을 찾기 위해서는 막대한 양의 계산이 필요하다. 그런데 그 답이 맞는지 틀리는지 확인하는 방법은 아주 간단하다. 해시함수에 대입하여 확인하면 끝이다.

그렇다면 왜 데이터 관리자는 암호 퍼즐 경쟁에 참가하는 것일까?

블록체인을 활용하는 시스템에서는 데이터 관리자가 이 경쟁에 참가하는 동기(인센티브)를 별도로 적절하게 고안해야 한다. 비트코인과 이더리움에서는 이 암호 퍼즐을 맞춘 참가자에게 암호화폐의 형태로 보수를 지급하고 있다.

예를 들면 데이터를 생성한 생성자가 데이터 등록을 의뢰할 때 '등록 수수료'를 암호화폐의 형태로 지불하고, 이 수수료를 암호 퍼즐을 맞추는 데이터 관리자에게 지급하는 방식이다.

이 보수는 블록을 연결하는 규칙을 정확하게 실행하지 않으면 지급되지 않는다. 그렇기 때문에 데이터 관리자는 자신의 블록뿐만이 아니라 직전의 블록이 제대로 생성되었는지도 확인한다. 정당하게 생성된 블록에 연결되지 않으면 자신이 생성한 블록에 대한 보수도 받지 못하기 때문이다. 이와 같이 서로를 검증함으로써 블록체인의 정확도는 더 높아진다.

이더리움이 채택한 '스마트 계약'

비트코인은 앞서 소개한 이력 축적 기능을 가진 블록체인을 사용하여 암호화폐 시스템을 구현한다. 블록체인에 암호화폐의 정확한 거래 이력 데이터(코인의 송금 데이터)만 축적되도록 등록할 데이터에 대해 다른 체크 항목(규칙)을 마련하고 있다. 예를 들면 '한 번 송금한 코인은 다시 송금할 수 없다(이중 송금 금지)'와 같은 규칙이다.

이더리움은 비트코인과 같은 암호화폐용이 아닌 임의의 '규칙(프로그램)'을 구현하기 위해 이력 축적 시스템상에 '스마트 계약Smart Contract'이라 불리는 레이어Layer를 마련했다. 스마트 계약은 작성된 프로그램에 따라 자동적으로 실행되는 계약이다.

이더리움의 블록체인상에는 '프로그램(계약)'과 '프로그램에 대한 입력 데이터'가 기록된다. 이 데이터에서 자동적으로 산출되는 '프로그램에 대한 출력(또는 프로그램의 내부 상태)'도 이력으로 축적된다. 이렇게 사전에 기록·공개된 '프로그램'에 따라 입력된 내용을 누구라도 검증할 수 있는 형태로 만들어 정확하게 처리한다.

비트코인에서는 소유한 코인보다 더 큰 금액의 지불을 방지하기 위해 '과거의 트랜잭션 X에서 받은 코인 중 z비트코인을 A에게 송금한다'는 표현을 지불 트랜잭션(코인의 송금 데이터)의 데이터 구조 내에 포함시킨다.

지불 트랜잭션의 정당성을 검증하는 경우에는 데이터 관리자가 다음의 세 가지를 확인한다.

- 본인이 트랜잭션 X의 수령자다.
- 트랜잭션 X가 다른 송금 데이터에 사용되지 않았다.
- A에게 송금한 금액이 트랜잭션 X에서 받은 금액보다 작다.

이것을 프로그램 형식으로 표현하면 'A에게 z달러를 송금한다'라는 입력 데이터에 대해 프로그램 내부에서 입력 데이터 생성자의 잔액이 z달러 이상인지 확인한 다음 잔액에서 z달러를 제하고 A의 잔액에 z달러를 더해서 프로그램의 내부 상태로 출력하는 프로그램이 된다.

데이터 관리자는 프로그램과 프로그램의 최신 내부 상태를 파

블록체인의 미해결 문제

악한 다음 입력 데이터와 프로그램에 따라 처리하고 그 결과를 블록체인의 이력으로 남긴다. 이런 방식으로 프로그램을 작성할 수 있기 때문에 블록체인이 '송금'과 같은 하나의 처리를 전임하지 않아도 다양한 프로그램 입출력의 정당성을 담보할 수 있다. 하나의 블록체인에서 복수의 프로그램을 실행할 수도 있다.

스마트 계약이 다른 프로그램의 실행 기반에 비해 특징적인 점은 '프로그램이 사전에 블록체인상에서 공개된다'는 것이다. 즉, 사전에 공개된 블록체인을 기반으로 모든 입력이 공평하게 처리된다는 점이 보장된다. 일반적인 프로그램은 서버나 클라우드 내에서 처리되어 어떤 논리로 결과가 도출되는지 외부에서는 알 수 없기 때문에 출력 결과의 타당성도 검증할 수 없는 이른바 '블랙홀 상태'라 할 수 있다. 스마트 계약은 이런 일반적인 프로그램과는 대조적이다.

하지만 블록체인에 탑재된 프로그램 자체의 타당성을 보증하는 시스템은 마련되어 있지 않다. 이더리움상의 더 다오 프로그램에서는 버그 때문에 대규모 자금 유출 사건이 벌어지기도 했다.

블록체인이 가져다준 공평성과 투명성

제2장에서는 비트코인과 이더리움에서 사용되는 블록체인을 중심으로 하여 이력 축적 시스템으로 활용되는 요소 기술과 구성 개요를 소개했다.

블록체인은 제공하는 서비스의 목적에 따라 규칙, 데이터 구조, 역할 담당 등의 설계가 달라진다. 예를 들어 비트코인은 무신뢰성 Trustless(신뢰할 수 있는 제3자가 불필요)을 가진 화폐 시스템을 주장하며 비트코인의 사양과 가동 프로그램(코드)을 신뢰하면 아주 큰 권한을 가진 화폐 시스템 운용 기관은 필요하지 않다고 말한다. 또한 특정 참가자가 관리자의 권한을 가지는 불평등을 해소하기 위해서 누구나 데이터 관리자가 될 수 있도록 설계되어 있다.

블록체인의 미해결 문제

하지만 신뢰할 수 있는 프로그램에서 문제가 발견된 경우에 어떤 민주적인 절차를 거쳐 개선할 수 있는가와 같은 운영상의 문제는 앞으로 비트코인, 이더리움 양쪽 모두에 중요한 과제가 될 것이다. 사양이나 코드만 신뢰하는 무신뢰성을 가진 서비스가 아니라 신뢰할 수 있는 공정한 관리 기관을 염두에 둔 서비스라면 블록체인의 운영 비용이 크게 달라질 것이다.

데이터나 프로그램에 투명성을 부여한 블록체인은 아직 발전 단계에 있다고는 하지만 이용자가 의심 없이 안심하고 사용할 수 있는 공정한 IT 서비스의 실현으로 이어질 가능성이 있다. 서비스 제공자에게 크게 의존하는 서비스에서 이용자 중심의 서비스로 IT 서비스의 설계가 크게 변화할 분기점이 될지도 모른다.

제3장

비트코인의 혁신성

구스노키 마사노리

재팬 디지털 디자인 CTO
국제대학교 GLOCOM 객원연구원

비트코인은 무엇을 이뤄냈는가

'블록체인'이라는 개념을 처음 만들어낸 암호화폐 비트코인은 가장 대규모로 장기간 운용되고 있는 블록체인 기반 시스템이기도 하다.

현재 금융기관 등을 중심으로 블록체인의 아키텍처에 대한 관심이 높아지고 있는 것은 비트코인이 방대한 양의 거래를 중개·운용하는 것이 가능하다는 것을 실제로 세상에 보여주었기 때문이다. 이런 의미에서 모든 블록체인의 구현은 어떠한 형태로든 비트코인의 영향을 받는다고 할 수 있다.

그렇다면 비트코인은 왜 탈중앙화를 추구하고 작업증명 등의 방식을 채용하는 것일까? 이 부분을 이해하기 위해서는 블록체인의 원조라 할 수 있는 비트코인에 대해 다시 한번 생각해볼 필요가 있다.

그래서 제3장에서는 비트코인의 역사와 성과를 되돌아보면서 현재의 블록체인에 대한 오해와 기대의 정체에 대해서 고찰한다.

본래 비트코인은 국가 권력에 의한 차익 거래나 담보 자산에 의존하지 않고 가치 교환을 매개하는 시스템으로 설계되었다. 이를 실현하는 수단으로 블록체인이 고안된 것이다.

현대의 화폐는 중앙은행과 같은 발행 주체가 발행 잔액에 따라 장부상의 부채를 계상하고 있다. 전자화폐, 상품권, 선불카드 등도 각국의 제도에 맞게 관리자가 발행 잔액에 따라 충당금을 마련해둬야 한다. 그런데 비트코인은 시스템상의 발행 주체나 관리자가 없어도 기능한다. 그렇기 때문에 발행 주체의 존재를 전제로 한 법 규제를 피하는 데 성공했다.

화폐 운용 비용은 화폐주조차익으로 조달한다

비트코인은 발행 주체 없이 기능함으로써 무엇을 실현했을까?

하나는 코인 발행 시 발생하는 막대한 시뇨리지Seigniorage(화폐주조차익)로 화폐의 운용 비용을 마련하는 새로운 시스템을 실현한 것이다. 비트코인에서 새로운 코인 발행에 필요한 계산량은 참가하는 채굴자의 계산능력의 총합으로 결정된다. 그렇기 때문에 참가자가 적은 가동 초기에는 굉장히 적은 비용으로 화폐를 얻을 수 있었다. 효율성이 높은 것은 말할 것도 없었다.

비트코인의 가치가 커지면 과거에 발행된 비트코인의 시가 평가액도 높아진다. 사토시 나카모토라는 이름으로 비트코인에 대한 논문을 발표한 사람의 정체는 현재도 확실히 밝혀지지 않았지만, 그 사람은 적어도 시가 수백억 엔 이상의 화폐주조차익을 얻었을 공산이 크다.

비트코인은 명목상의 발행 주체가 존재하지 않기 때문에 명부에 화폐발행액을 발행 주체의 부채로 계상하거나 발행 잔액에 따라 충당금을 적립할 필요가 없다. 현재도 약 10분마다 새로운 비트코인이 만들어지고 그 화폐주조차익은 채굴자(블록체인의 데이터 처리에 계산 자원을 제공하는 자)들이 가진다.

이런 채굴자들은 화폐주조차익이라는 보수를 얻으며 '거의 무료에 가까운 거래 수수료로 24시간 365일 가동되면서 약 10분마다 거래가 확정되는' 국제결제기반을 자발적으로 운용하고 있는 것이다.

국가의 규제에서 독립

발행 주체가 없는 비트코인은 국가의 규제에서 벗어난 가치 이전도 실현했다.

이 기반 위에서는 본인 확인이 필요한 금융기관의 계좌 개설 없이도 공개키와 비밀키를 이용해서 간단하게 경제적 가치를 이전할 수 있다. 그래서 신분을 감추고 불법적인 거래도 할 수 있게 되었다. 불법 마약, 악성 소프트웨어인 멀웨어Malware 개발 도구 키트, 유출된 ID와 비밀번호 리스트, 신용카드의 거래 대금, 랜섬웨어의 몸값 등을 인터넷상에서 단속을 피해 거래할 수 있게 된 것이다.

비트코인을 사용한 거래는 인터넷에만 연결되어 있으면 전 세계 어디에서도 가능하다. 그래서 외환 거래를 규제하는 중국을 비롯한 신흥국에서도 자유롭게 자산을 반출할 수 있게 되었다.

비트코인 채굴의 90퍼센트 가까이는 중국에서 이루어진다. 비트코인 채굴에 대한 투자가 외환 규제를 우회해서 중국 국내의 자산을 합법적으로 해외로 이전할 수 있는 몇 안 되는 수단이기 때문이다.

비트코인은 국가의 예금 과세를 회피하는 수단으로 이용되기도 했다. 유로존의 그리스 채무 감면으로 금융위기가 발생한 키프로스는 2013년 3월 계좌를 동결시키고 예금에 약 10퍼센트를 과세했다. 이때 키프로스 국내 은행 예금의 '자본도피' 수단으로 비트코인이 이용되었다.

키프로스 국내에서는 대학 등록금을 비롯한 다양한 상품과 서비스의 대가를 비트코인으로 지불할 수 있게 되었다. 비트코인은 국가의 사정에 따라 마음대로 동결할 수 없다는 점에서 법정화폐를 이용한 은행 예금보다 안전하다. 그래서 법정화폐에서 독립된 환율을 가진 '자본도피처'가 된 것이다.

독자적인 환율을 가진 화폐

2013년 초에 1BTC(비트코인의 단위)가 약 17달러(미국 달러)였던 비트코인의 가격은 키프로스의 금융위기로 200달러를 넘는 수준까지 상승했다. 그 후 인터넷상의 암시장 '실크로드'가 미국 FBI에 적발되면서 비트코인의 존재가 세계에 널리 알려져 한때는 1,000달러를 넘는 수준까지 가격이 급등하기도 했다.

그런데 중국의 중앙은행인 중국인민은행의 암호화폐에 대한 규제 강화를 계기로 비트코인의 가격은 단숨에 절반까지 하락한다. 그 후 비트코인 거래소였던 마운트곡스Mt.Gox의 횡령 사건 등이 발생하면서 비트코인의 가격은 200달러대까지 떨어진다.

그 후로도 비트코인의 가격은 널뛰기가 계속되었다. 2016년 중반이 되면 영국의 유럽연합EU 탈퇴와 중국 위안화의 평가절하 관측 등의 영향으로 비트코인은 다시 가격이 급등한다.

비트코인 커뮤니티는 "탈중앙화된 관리를 실현했다"라고 널리 주장했다. 비트코인은 화폐주조차익을 운영 주체의 부채로 계상하지 않으며, 운용 경비를 이용자에게 전가하지 않고 화폐주조차익으로 충당했다. 비트코인은 국가 권력에서 자유로운 독자적인 환율을 가진 화폐가 된 것이다.

비트코인이 기존의 금융 서비스가 제공하지 못했던 익명의 해외 결제를 실현하고 반사회적이며 법의 보호를 받지 않는 거래를 중개할 수 있다는 사실은 실제로 증명되었다. 키프로스의 금융 위기 시기에는 유로 예금의 자본도피, 암시장 실크로드에서의 지불 수단, 중국에서의 자금 반출 수단, 랜섬웨어의 몸값 지불 수단 등에 사용되었다. 비트코인은 수많은 사이버 공격에도 불구하고 2009년 1월부터 지금까지 운용되고 있다.

블록체인에 대한 아름다운 오해

　　이런 비트코인의 성공은 그 기반 기술에 대한 기대로 이어졌다. 블록체인이 '다운타임 없이 24시간 365일 가동되는 시스템', '기존의 금융 시스템보다 낮은 비용으로 운용이 가능하며 사이버 공격에도 무너지지 않는 높은 보안을 실현한 분산원장'으로 알려지기 시작한 것이다.

　　금융과 기술을 융합한 핀테크 관련 스타트업 기업은 단순히 기존 금융기관에 기술을 제공하는 것만으로는 성장 시나리오를 그리기 어려워졌다. 하지만 해외 결제 분야와 같은 곳에 비트코인과 같은 기존의 금융 서비스를 대체하는 파괴적인 서비스가 등장할 가능성이 있다면 폭발적인 성장을 기대할 수 있다.

그래서 핀테크 스타트업 기업에 대한 투자액은 2014년에 전년 대비 3배가 넘는 연간 약 120억 달러로 급증했고 2015년에도 약 220억 달러로 늘어났다. 비트코인 자체에는 아직도 위태로운 이미지가 항상 따라다니지만, 그 기반 기술을 비트코인에서 분리한 '블록체인'은 핀테크 관련 분야에서 각광을 받았다. 그런데 '화폐주조차익'이나 '국가로부터의 독립'이라는 성과를 올린 비트코인 생태계에서 분리된 '블록체인'이 효율적인 정보 시스템을 제대로 실현할 수 있다고 장담할 수는 없다.

해외 결제 수수료 인하는 사람들이 블록체인에 거는 기대 중 하나다. 하지만 비트코인의 결제 수수료가 저렴한 것이 반드시 블록체인 자체의 효율성에 기인한다고는 할 수 없다.

비트코인의 안전성 향상을 포함한 운영에 필요한 처리는 작업증명을 하는 채굴자가 담당한다. 이 대가로 문제를 푼 채굴자에게 10분마다 채굴 보수가 지급된다. 당초 50BTC였던 채굴 보수는 2012년 11월에 25BTC로 떨어졌고 2016년 7월부터 12.5BTC가 되었다. 이 금액을 집필 시점(2016년 7월 28일)의 교환 비율로 계산하면 약 86만 엔 정도가 된다(비트코인의 법정화폐에 대한 교환 비율은 급격하게 변한다. 다음의 설명은 2016년 7월을 기준으로 한 것이다-편집자).

이 보수를 하나의 블록으로 확정하는 거래 수(900KB의 블록에 1,000건 정도의 거래가 기록된다)로 나누면 1건당 수수료는 수백 엔에서 수천 엔이라는 계산이 가능하다.

블록체인의 미해결 문제

이 숫자는 신용카드나 은행의 결제 수수료에 비하면 충분히 고액이라 할 수 있다. 이용자가 비트코인을 저렴하다고 느끼는 것은 운영 비용을 이용자에게 징수하지 않고 무에서 발생하는 화폐주조차익으로 충당하기 때문이다.

비트코인의 혁신성은 블록체인이라는 시스템 자체에 있는 것이 아니다. 특정 관리자에게 권한을 집중하지 않아도 원활하게 운영이 이루어지고, 각각의 이해관계자가 운영에 협력하여 비트코인의 가격을 유지하기 위해 서로 힘을 모으는 생태계가 확립되어 그 위에서 실제로 재화가 거래되는 일이 현실화되었다는 점이 진정한 비트코인의 혁신성이라 할 것이다.

개인정보와의 거리 두기는 가능할까

비트코인은 탈중앙화를 실현하기 위해 다양한 부분에서 대담한 설계가 이루어졌다. 그런데 이 점이 비트코인의 기반 기술인 블록체인을 다른 용도로 응용하는 데 하나의 장애물이 되고 있다.

예를 들어 비트코인에서는 거래를 기록하기 위해 디지털 서명을 사용한다. 서명에 사용하는 공개키와 개인키는 누구나 자유롭게 생성할 수 있다. 누구나 장부에 새로운 거래를 추가할 수 있으며 비트코인 운영이 시작된 이후의 모든 거래를 열람할 수 있다.

누군가에게 비트코인을 보내려면 자신의 비트코인 어드레스를 밝혀야 한다. 자신의 비트코인 어드레스를 밝힌다는 것은 자신의 은행 계좌번호를 상대방에서 알려준다는 의미일 뿐만 아니라 해당 어

블록체인의 미해결 문제

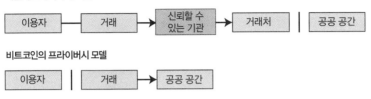

[도표 3-1] 비트코인의 프라이버시 모델

기존의 프라이버시 모델

이용자 → 거래 → 신뢰할 수 있는 기관 → 거래처 | 공공 공간

비트코인의 프라이버시 모델

이용자 | 거래 → 공공 공간

※ 사토시 나카모토의 논문 〈비트코인: P2P 전자화폐 시스템(Bitcoin: A Peer-to-Peer Electronic Cash System)〉을 참고하여 작성

드레스의 비트코인 잔고와 지금까지의 모든 거래 이력을 상대방에게 밝힌다는 뜻이다.

비트코인을 제안한 사토시 나카모토는 자신의 논문에서 모든 거래를 공개해도 비트코인 어드레스와 개인을 특정할 수 있는 정보를 분리만 하면 프라이버시를 보장할 수 있다고 주장한다(도표 3-1). 그런데 이 방법으로는 적어도 거래를 한 상대방에게는 비트코인 어드레스와 소유자의 대응 관계가 드러난다. 또한 각국에서는 국제자금세탁방지기구FATF의 권고로 암호화폐 거래소의 계좌 계약자에 대한 본인 확인이 의무화되었다.

실제 추적되면 곤란한 비트코인 거래에서는 믹싱 서비스라 불리는 익명화 기술이 이용되고 있다. 믹싱 서비스란 복수 이용자의 다른 거래를 같은 비트코인 어드레스를 통해 중개하여 자금 흐름을 추적할 수 없도록 하는 서비스다. 또한 이 믹싱 서비스처럼 강력한 익명성을 보장하는 '다크월렛'도 개발되었다.

하지만 일반 소비자가 해외 송금 분야에서 이 정도까지 프라이버 시를 확실히 보장한 블록체인 시스템을 이용할 수 있을지에 대해서는 아직 답을 찾지 못한 것 같다.

블록체인의 미해결 문제

계산능력 분산으로 유지되는 안전한 시스템을 병립하는 것의 어려움

비트코인은 2009년부터 지금까지 외부의 공격을 받으면서도 파산하지 않았다. 하지만 그렇다고 해서 비트코인에서 파생된 모든 블록체인이 이와 같은 안전성을 가진 것은 아니다. 비트코인의 안전성은 채굴에 이용되는 작업증명에 필요한 계산능력을 특정인이 독점하지 않기 때문에 유지되는 것이다.

작업증명 구조에서는 특정인이 과반의 계산능력(조건에 따라서는 보다 적은 계산능력)을 가지면 가짜 블록체인을 진짜로 간주할 가능성이 있다. 하지만 실제 이런 상황이 발생하면 비트코인의 가치가 하락하기 때문에 비트코인에서 수익을 얻는 채굴자가 의도적으로 이런 상황을 만들 가능성은 낮다고 할 수 있다.

계산능력을 분산함으로써 조작이 어렵도록 만들어진 작업증명 시스템은 세상에 단 하나의 암호화폐가 존재하는 경우에만 유효하게 기능할 것이다. 후발 암호화폐의 경우는 앞선 암호화폐에서 채굴자가 유입되면 간단하게 계산능력의 독점이 일어날 수도 있다.

비트코인에서는 SHA-2라 불리는 표준 해시함수가 작업증명에 사용되며, 후발 암호화폐에서는 SCrypt 등 다른 해시 알고리즘이 사용되는 경우가 많다. 이것은 비트코인 채굴자가 전용칩을 사용하여 채굴하는 것을 방지하기 위해서다. 하지만 독자적인 알고리즘의 대부분은 수학적인 안전성이 검증되지 않았고, 시스템의 수만큼 알고리즘을 개발하는 것도 현실적으로 무리가 있다.

비트코인처럼 공개된 퍼블릭 블록체인으로 할 것인지, 한정된 참가자만 네트워크에 참가할 수 있는 프라이빗 블록체인으로 할 것인지, 비트코인의 작업증명 방식을 합의 프로토콜로 채택할 것인지, 그밖의 합의 프로토콜을 개발할 것인지 결정하는 것은 블록체인의 시스템 설계상 아주 중요하다. 왜냐하면 단순히 비트코인을 흉내만 내서는 공존하는 시스템의 안전성을 담보하기가 어렵기 때문이다.

블록체인의 미해결 문제

블록체인의 약점을 알고 적용할 분야를 생각한다

블록체인은 암호화폐뿐만 아니라 금융기관의 거래, 정치가에 대한 기부, 권리관계를 증명하는 장부 등의 관리, 이력서 또는 디지털 콘텐츠의 공증에 적용이 가능할 것으로 보인다. 실제로 다양한 프로젝트에서 이와 같은 용도로 블록체인을 개발 중이다. 암호화폐 이외의 용도로 이용할 블록체인은 아직 개발 또는 시험 단계에 있다고 할 수 있다.

이런 블록체인의 새로운 용도 개발은 '블록체인은 어떤 곳에는 맞지 않는가'라는 제약 조건을 고려한 상태에서 검토되고 있다. 공적인 장부나 존재 증명, 기부 등에서 활용이 기대되는 것은 접근 통제를 통한 프라이버시 보호가 없어도 크게 문제가 되지 않는 용도이기 때문이다. 반대로 말해 개인용 전자화폐 등으로 이용하려면 비용, 거래량에 따른 확장성 문제뿐만 아니라 이용자의 개인정보보호 문제도 해결해야 한다.

개발, 운용, 이용을 분리해서 탈중앙화된 시스템을 실현할 수 있다면 조직 간의 데이터 교환에도 응용이 가능할지 모른다. 그런데 접근 통제와 계약을 전제로 하는 조직 간의 데이터 교환에 실제로 블록체인을 이용할 수 있을까? 기존의 파일 전송, 분산 데이터베이스 구축, 공동 시스템 운영과 같은 방식에 비해 장점이 있는지 비교 검토할 필요가 있다. 대부분의 금융기관이나 증권거래소의 시험 운영에는 실제로 블록체인을 적용해봄으로써 기존 방법과 비용, 편리성 등을 비교해보는 목적도 있을 것이다.

우리가 블록체인에 대해 시스템의 성능, 효율성, 비용 감축만 기대한다고 단정할 수는 없다. 보다 견고한 데이터 관리를 실현하는 아키텍처로 블록체인을 응용할 가능성도 충분하다.

기존의 정보 시스템 설계에서는 먼저 업무를 기점으로 시스템을 설계·구축한 다음 각각의 시스템을 연계하는 방식으로 프로토콜을 설정한다. 그렇다면 이 순서를 바꾼다면 어떻게 될까? 먼저 시스템 사이에서 공유하는 데이터의 구조를 정의하고 그 데이터를 교환하기 위한 공통 소프트웨어를 준비한 다음 주변에 각 조직의 업무 시스템을 두는 것이다. 이런 설계를 전제로 한다면 정보 시스템 설계 프로세스에 아주 큰 변화가 일어날 것이다.

현재의 정보 시스템 설계 프로세스에서 간단히 롤백Roll back(과거의 특정 시점으로 데이터베이스를 되돌리는 행위)이 가능한 견고한 데이터 구조와 확장성이 큰 API를 설계·구축하려면 높은 수준의 기술력이 필요하다. 그런데 블록체인 기반의 미들웨어 등을 활용하여 처음부터 시스템 간에 공통의 데이터를 보유할 수 있도록 한다면 이런 데이터 기반 구축에 필요한 작업 단계를 줄이고 완성도를 높일 수 있을 것이다.

　　아직은 비트코인 생태계에서 분리된 블록체인에 진정한 이용가치가 있을지 모색하는 단계에 불과하다. 우선은 분산원장을 조직 사이를 연계시키는 시스템의 틀로 삼고 다양한 응용 분야를 모색해야 할 것이다.

제4장

블록체인의 네 가지 과제

마쓰오 신이치로

조지타운대학교 교수
MIT 미디어 연구소 소장 리에종(연계 지원, 금융암호)

BLOCK CHAIN
INNOVATION

블록체인의 활용 범위

여기까지 설명한 내용을 간단하게 복습해보자. 블록체인은 비트코인이 발명되었을 때 암호화폐로서의 기능과 안전성을 보장하기 위해 채택된 기술이며, 지금은 암호화폐 이외의 분야에서도 응용하기 위해 비트코인과는 별도로 개발이 시작된 단계다.

비트코인의 기반 기술로 이용된 블록체인은 순서대로 기록된 '장부(원장)'를 관리하기 위한 기술이다. 장부에는 각 이용자가 비트코인을 얼마나 보유하고 있는지, 이용자 사이에서 어느 정도의 비트코인이 이동했는지 등이 기록되고, 네트워크상의 수많은 이용자가 이 장부를 복제하여 각각 보관한다. 일부 이용자의 부정행위 시도가 있어도 전체적으로 올바른 기록을 유지할 수 있도록 설계되었다. 이 기술의 큰 장점은 기존의 기술처럼 신뢰할 수 있는 관리자나 조직과 같은 '신뢰점Root of Trust'을 두지 않아도 완전한 P2P 환경에서 구현하는 '탈중앙화'가 가능하다는 점이다.

비트코인 이용자 중에는 장부의 데이터를 보관하지 않고 다른 이용자의 데이터를 이용하여 데이터의 검증만 하는 유형도 존재한다. 일반적인 블록체인에서도 이런 유형의 이용자를 허용하고 있다. 하지만 시스템의 탈중앙성을 높이기 위해서는 장부의 복제 데이터를 보관하는 이용자가 여러 곳에 다수 존재해야 한다.

장부는 '해시함수'와 '디지털 서명'이라는 복수의 암호기술로 만들어진다. 각각의 자금 이동 기록에 대해서는 순서를 포함해서 데이터의 조작이 굉장히 어려운 시스템을 적용한다. 또한 블록체인의 장부 데이터는 누구나 그 정보를 얻을 수 있기 때문에 내용과 순서가 조작되지 않았다는 점을 모든 사람이 항상 확인할 수 있다. 그렇기 때문에 엄중한 관리와 운용에 필요한 신뢰점이 없어도 서비스가 중단되지 않는다. 이것도 비트코인이 2009년 이후 지금까지 중앙은행의 존재 없이 계속 운용되고 있는 큰 이유 중 하나라 할 수 있다.

비트코인에서 범용기술로서의 블록체인으로 시점을 옮겨보자. 이 경우 장부에 기록한 내용을 다양한 정보로 활용하면 암호화폐뿐만 아니라 다채로운 애플리케이션도 만들 수 있을 것이다. 예를 들어 금전이나 소유권에 관한 계약을 취급하는 사회 인프라에 응용하는 것도 기대할 수 있다.

블록체인의 미해결 문제

요건에서 알 수 있는
해결해야 할 네 가지 과제

블록체인의 가치를 최대한 활용하기 위해서는 다음과 같은 요건에 주의해야 한다.

- 신뢰할 수 있는 관리자가 불필요하기 때문에 장부 데이터를 가능한한 많은 이용자가 복제하여 관리하는 체제를 구축해야 한다.
- 다수의 이용자가 각각 보유하고 있는 장부에 대해 동일한 데이터를 정확하게 기입하고 갱신하는 장치가 필요하다.
- 장부의 데이터와 순서가 조작되지 않았다는 사실을 알 수 있도록 암호기술을 적절하게 사용해야 한다.

현재의 블록체인 기술은 이런 요건을 충족시키지 못한다. 그래서 앞으로 해결해야 할 과제를 '네 가지 문제제기'라는 형태로 정리해보고자 한다.

⬡ 과제 1: 암호기술로서의 안전성과 시스템 전체의 안전성 검증이 충분히 이루어지지 않았다

암호와 통신을 조합한 기술을 일반적으로 '암호 프로토콜'이라 부른다. 통신로상의 인증과 암호화에 이용되는 'TLS Transport Layer Security(일반적으로 구버전인 SSL이라는 명칭으로 불린다)'도 암호 프로토콜의 일종이다.

암호 프로토콜은 통상 달성하고 싶은 보안 요건을 정의한 다음 그 보안 요건이 충족되도록 설계된다. 정확하게 보안 요건을 갖추도록 설계되었는지 확인하기 위해서는 수리적인 검증이 필요하다. 예를 들어 ISO/IEC 9798로 표준화된 개체 인증 Entity Authentication처럼 기본적인 프로토콜에서는 실제로 안전성의 검증이 이루어진다. 형식 검증에서 취약성이 발견되어 검증을 통과할 수 있도록 수정된 프로토콜도 있다.

그러나 현재의 인터넷 시스템 기술에서는 TLS처럼 중요한 프로토콜조차 안전성의 검증이 충분히 이루어지지 않고 있다. 2009년 이후 다수의 취약점이 보고되었지만 아직 제대로 해결이 되지 않은 상태다.

블록체인의 미해결 문제

현재의 블록체인도 마찬가지다. 공식적으로 안전성에 대한 정의가 내려지지 않았기 때문에 수리적인 안전성 검증이 충분히 이루어지지 않고 있다. 안전성 검증이 충분하지 않다고 해서 현재 블록체인의 안전성이 직접적으로 위협받고 있다는 것은 아니지만 블록체인의 설계 자체에 '취약성이 없다'는 것이 확인되지 않았기 때문에 운용상의 위험을 감수해야 한다.

블록체인은 프로토콜의 사양만이 아니라 실용화에 대한 안전성을 담보하는 수단도 충분히 확보되지 않았다. 앞서 말한 더 다오 해킹 사건에서는 이더리움상에서 실행되는 프로그램 코드의 취약성을 이용하여 이더리움상의 토큰을 불법적으로 이동할 수 있다는 사실이 드러났다.

2017년 9월에는 블록체인과 비슷한 시스템인 아이오타_{IOTA}에서 사용되는 암호학적 해시함수(SHA-3에서 착상을 얻은 해시함수)의 독자적인 사양에서 일반적인 암호학자라면 하지 않을 설계상의 실수가 발견되었다. 이 사건은 엔지니어 커뮤니티 안에 암호 전문가가 충분하지 않으며, 취약한 사양과 기술의 실용화가 많을지도 모른다는 사실을 보여준다. 수많은 블록체인 관련 프로젝트의 기술적인 실사_{Due diligence}가 어렵다는 점도 시사하고 있다.

블록체인은 금전이나 소유권에 관련된 '계약'을 취급하는 사회 인프라에서도 응용이 기대되고 있다. 이때는 사이버 공격을 받거나 사고가 발생했을 때 미치는 사회적 영향이 아주 클 것이다. 그래서 코드의 품질을 확보하면서 취약성이 드러났을 때의 수정이 원활하게 이루어지도록 '취약성 핸들링'의 필요성이 지적되고 있다.

⬡ 과제 2: 암호기술을 이용한 시스템에서의 운용이 충분히 검토되지 않았다

비트코인과 블록체인에서는 장부 데이터의 조작이 없다는 사실을 검증하기 위해서 디지털 서명을 사용한다. 각 이용자는 비밀키와 공개키(두 가지를 합쳐서 키 페어라 부른다)를 만들고, 비밀키는 다른 이용자가 추측할 수 없도록 보관한다. 시간의 경과와 함께 공개키에서 비밀키를 유추할 가능성이 높아지기 때문에 통상 키 페어에는 유효기간이 설정되어 있다. 그런데 현재의 비트코인에서는 키 페어의 유효기간 관리와 유효기간이 지난 키 페어를 무효로 처리하고 새로운 키로 변경하는 과정이 규정되어 있지 않다. 마이넘버카드(일본의 개인식별번호카드)의 공적 개인인증 서비스와 같은 공개키 암호 기반의 운용이 존재하지 않는 것이다. 비트코인 이외의 블록체인에서도 키 관리 방법에 관한 운용 지침이 검토되지 않고 있기 때문에 키 관리는 이용자에게 전부 위임된 상태와 같다.

키 관리뿐만 아니라 해시함수나 디지털 서명 등의 암호기술 방식도 시간이 흐르면서 암호의 강도가 약해진다. 암호기술의 설계에 취약성이 발견되기도 하고 컴퓨터의 발전으로 계산력의 가격이 낮아져 조합 가능한 모든 경우의 수를 전부 대입하여 암호키를 풀어버리는 일도 가능해지기 때문이다. 이것을 위태화Compromise라고 한다.

일반적인 암호기술 분야에서는 과거의 위태화로 해시함수 SHA−1에서 SHA−2로 변경이 이루어지면서 IT 업계가 막대한 비용을 지불하고 있다. 그런데 비트코인과 블록체인의 개발자는 암호기술의 위태화에 대응한 경험이 거의 없다. 그리고 위태화에 대비한 운용과 시스템도 준비되지 않았다.

이 외에 장기적인 측면에서 보았을 때의 문제도 있다. 양자컴퓨터Quantum Computer가 실용화되면 현재의 디지털 서명은 그 유효성을 잃게 된다. 그래서 양자컴퓨터에 사용할 수 있는 암호로 '격자이론에 근거한 암호', '부호이론에 근거한 암호', '해시 기반의 암호' 등이 연구되고 있다. 2017년에는 미국의 각종 표준을 결정하는 미국표준기술연구소NIST가 표준화를 위한 움직임을 시작한다는 보도가 있었다.

하지만 이런 암호를 블록체인에 적용하는 검토는 아직 시작되지 않았다. 블록체인은 장기적인 운용이 전제가 되기 때문에 양자컴퓨터에서 사용할 수 있는 암호 방식으로 교체하는 것을 염두에 두어야 한다.

◈ 과제 3: 확장성과 탈중앙성의 상충관계

블록체인의 장부는 처리 성능에 관한 사양이 정해져 있다. 비트코인은 10분간 1MB의 데이터를 기록하는 사양으로 되어 있다. 즉 10분간 1MB를 넘는 데이터를 처리할 수 없다. 이것은 단위시간당 처리할 수 있는 거래 건수에 상한이 있다는 의미다. 블록체인 기술의 사양에 '처리 성능의 상한'이 존재한다는 것은 컴퓨터의 성능이 향상되어도 처리 용량의 확장이 불가능하다는 뜻이다.

처리 성능을 높이려면 사양을 변경하여 10분간 기록할 수 있는 데이터의 크기를 확대하면 된다. 하지만 이렇게 되면 각 이용자가 보관해야 할 데이터 용량이 늘어나 준비해야 할 컴퓨팅 리소스가 커진다. 이것은 즉 자금력이 있는 이용자만 이용이 가능하다는 의미이기 때문에 참가자가 줄어들 것이다. 참가자가 줄어들면 비트코인과 블록체인의 특징인 '탈중앙성'을 해치는 결과가 발생할 것이다.

확장성과 탈중앙성의 상충관계 문제는 블록체인의 설계 사상과도 관련이 있기 때문에 어느 쪽을 중요시해야 할지에 대해서 아직까지 격렬한 논쟁이 이어지고 있다. 처리 성능을 향상시키기 위해 블록체인의 노드 수를 줄이거나 동일 클라우드에 배치하는 등 물리적으로 분산 정도를 줄인다면 '중앙집권적인 운영자가 불필요'하다는 장점도 희생될 것이다.

블록체인의 특징인 '탈중앙화'의 색이 옅어지면 '단일 사업자에 의한 타임스탬프 기능이 추가된 데이터베이스의 다중화'와의 차이가 사라질 것이다. 그렇기 때문에 블록체인의 이용으로 비용 감축과 같은 극적인 효과가 실제로 나타나는지 충분히 검토해야 한다.

블록체인의 미해결 문제

⬡ 과제 4: 분산된 데이터의 갱신에 관한 무결성

비트코인과 블록체인에서는 다수의 이용자가 정확하게 장부 데이터를 업데이트(갱신)해야 한다. 이때는 작업증명이라 불리는 합의 알고리즘을 사용하여 타당하다고 간주되는 업데이트를 확정한다.

하지만 분산 컴퓨팅의 연구 성과에 따르면 합의가 끝난 업데이트 결과가 100퍼센트 옳다는 보장은 없으며 후에 합의가 뒤집어질 가능성도 있다. 즉 장부의 업데이트 결과에 현실의 트랜잭션 데이터가 반영되지 않을 가능성을 고려하여 블록체인의 애플리케이션을 설계할 수밖에 없다. 이것이 네 번째 과제다.

이번 장에서는 '블록체인 기술의 요건'에 대해 설명하고 기술 면과 운용 면에서 생각해본 블록체인의 과제에 대해 소개했다. 이 네 가지 과제를 다음 장부터 자세하게 해설하겠다.

제5장

블록체인의
'무신뢰성'이라는 환상

사키무라 나쓰히코

노무라종합연구소 상석연구원

흔히 '블록체인의 혁신성은 무신뢰성에 있다'라고 한다. 일반적으로 은행과 같은 '신뢰할 수 있는 제3자'가 없어도 조작의 위험 없이 거래를 기록할 수 있다는 의미로 사용된다.

하지만 잘 생각해보면 '무신뢰성'이 의미하는 바가 모호하다는 사실을 알 수 있다. 그렇다면 애초에 정보 시스템에서 말하는 신용 또는 신뢰란 무엇일까? 블록체인을 현실 세계에 적용할 때 굉장히 중요한 열쇠가 되는 것이 여기 존재한다. 그래서 제5장에서는 '블록체인은 무신뢰성 거래가 가능하다'는 말의 의미를 고찰해보고자 한다.

신뢰란 '확인하지 않는 것'

신용 또는 신뢰라고 번역되는 'Trust'의 본질은 '확인하지 않는다'라는 점에 있다. 확인이 가능하다면 언젠가는 '알고 있는' 상태가 되므로 '신뢰'라는 불확실성을 내포한 행위가 필요하지 않기 때문이다. 독일의 사회학자 게오르그 짐멜Georg Simmel은 '신뢰란 상정된 미래의 거동에 관한 실제 행동의 근거가 되기 충분한 확실한 가설로 지知와 무지無知의 중간적 상태다(원문: Vertrauen ist als Hypothese ein mittlerer Zustand zwischen Wissen und Nichtwissen um den Menschen)[1]'라고 설명한다.

시스템 및 소프트웨어의 품질평가에 관한 국제표준 가운데 하나인 'ISO/IEC 25010'은 신뢰를 '이용자 또는 그 이외의 이해관계자가 제품이나 시스템이 기대한 대로 움직일 것이라고 믿는 정도'라고 정의한다. 보통 시스템이라고 하면 컴퓨터 시스템을 머리에 떠올릴지도 모른다. 하지만 원래 시스템이란 '부분을 포함한 전체', 즉 '계통系'이라는 의미다. 이것을 일반화하면 '신뢰'란 '(누군가가) 어떤 계통이 기대한 대로 움직일 것이라고 믿는 정도'라 할 수 있을 것이다.

예를 들어 내가 친구의 점심값을 대신 결제했다고 해보자. 나는 이때 지금까지 친구와 알고 지내면서 '친구가 높은 확률로 돈을 갚아 줄다'라고 믿은 것이지 친구의 은행 잔고와 같은 지불 능력을 확인한 것은 아니다. 즉 나는 친구를 신뢰하는 것이다.

다른 예로 은행에 예금을 한 경우를 생각해보자. 이때 나는 '은행이 예금을 횡령하지 않고 안전하게 지켜줄 것이다'라고 높은 확률로 믿는다. 즉 나는 은행을 신뢰하는 것이다. 은행의 운용이나 재무 상황을 확인해본 것은 아니다.

이처럼 시스템 이용자가 직접 확인하지 않고 '기대대로 움직일 것'이라고 생각하는 것은 '시스템을 신뢰한다'는 의미다. 우리가 사는 이 사회는 이와 같은 '신뢰받는 시스템'에 크게 의존하면서 사회적 비용을 절약하고 있다. 이용자가 매번 '확인'한다면 막대한 비용이 발생하기 때문이다.

블록체인의 미해결 문제

'신뢰받는 시스템'이란 무엇인가

그렇다면 시스템이 신뢰받기 위한 조건은 무엇일까?

소비자가 특정 제품이나 서비스를 신뢰한다고 할 때 가장 중요시하는 것은 제품이나 서비스를 제공하는 사업자에 대한 평가, 즉 '브랜드'라고 할 수 있다. '무인양품(MUJI)'에서 취급하는 상품이라면 좋지 않는 소재가 들어가지는 않았을 거야'라고 사업자를 신뢰하는 것이다. 그래서 기업은 브랜드를 확립하기 위해 엄청난 수고와 비용을 들이고 있다.

하지만 기업이 부정행위를 저지른다면 그 노력도 한순간에 물거품이 되고 만다. 사람들이 이런 사실을 암묵적으로 알고 있기 때문에 브랜드는 신뢰의 근거가 된다. 그런 의미에서 브랜드의 구축이란

'기대를 저버리면 사라질 부금'을 계속해서 쌓아가는 과정이라고 말할 수 있다. 사람들은 그 거대한 부금과 자신들을 배신했을 때 사업자가 얻는 적은 이익을 비교해서 '이 정도라면 괜찮겠지' 하는 생각으로 신뢰를 주는 것이다.

블록체인의 미해결 문제

대기업이 아니라도
신뢰를 쌓을 수 있는 '신뢰 프레임워크'

당연한 이야기지만 이와 같이 브랜드에 의존한 신뢰를 얻는 것이 신규 참여자와 중소기업에는 그렇게 간단한 일이 아니다. 그렇기 때문에 브랜드에 기대지 않는 '신뢰' 획득의 시스템이 필요한 것이다. 이 시스템을 만들기 위해서는 다음의 세 가지가 어떤 형태로든 정비되어야 한다.

- 기대되는 성과를 올리기 위한 기술의 구현
- 적절한 운용 규칙의 설정과 준수
- 실패 시의 구제 수단

이 세 가지를 확인하는 시스템을 '신뢰 프레임워크Trust Framework'라 부른다.

물론 이용자 본인이 확인하는 것도 가능하다. 하지만 이용자 본인이 확인하는 방식의 경우 막대한 비용이 발생할 뿐만 아니라, 시스템이 적절하게 작동하고 있다는 사실을 신뢰하는 것이 아니라 '알고 있는' 것이 되어버린다. 그렇기 때문에 일반적으로 이용자는 '누군가가 확인하고 있다는 사실'에 의존한다. '누군가'는 '서비스 제공자'일 수도 있고 '제3자'일 수도 있다. 전자를 '자기선언 모델', 후자를 '제3자 확인 모델'이라 부르기도 한다.

자기선언 모델이 기능하기 위해서는 자기선언을 뒤집었을 때 선언자가 큰 손실을 입는다는 전제가 있어야 한다. 미국의 경우는 연방거래위원회Federal Trade Commission, FTC가 FTC법 제5조에 따라 선언을 위반한 사업자에게 거액의 제재금을 부과함으로써 신뢰를 담보하고 있다. 브랜드 모델도 실제로는 이 자기선언 모델의 한 유형이라 할 수 있다. 이 경우 '잃게 되는 것'은 브랜드 구축에 들어간 비용과 위기 발생 후의 매출 감소로 줄어든 이익이 될 것이다.

한편 제3자 확인 모델에서는 감사인이나 당국과 같은 '제3자Third Party'가 세 가지 요건을 확인하면 이용자가 그것을 신뢰한다. 그래서 '신뢰할 수 있는 제3자 기관Trusted Third Party, TTP 모델'이라고도 부른다.

일본의 금융기관 간의 거래에서는 주로 중앙은행인 일본은행이 '신뢰할 수 있는 제3자 기관'의 역할을 담당한다. 제3자 확인 모델에

블록체인의 미해결 문제

서도 제3자를 속이는 행위가 가능하기 때문에 부정행위를 한 주체에 대해서는 제재가 필요하다. 금융기관의 경우 금융 당국의 감시와 제재(면허 정지 등)가 이에 해당한다.

사토시 나카모토의 논문에는
'무신뢰성'이라는 말이 등장하지 않는다

이제 신뢰의 의미를 알았으니 다음으로 '블록체인은 무신뢰성을 가진다'는 말의 의미에 대해 생각해보자.

흔히 '신뢰한다', '신뢰하지 않는다'는 말을 자주 사용하지만, 사실 사토시 나카모토의 논문 〈비트코인: P2P 전자화폐 시스템〉[2]에서는 '무신뢰성Trustless'이라는 말이 등장하지 않는다. 그 대신 '서로 동의하는 두 사람이 신뢰할 수 있는 제3자 없이 직접 거래가 가능한, 신뢰 대신 암호적 증명에 기반을 둔 전자 결제 시스템'이라는 문구가 사용된다(원문: an electronic payment system based on cryptographic proof instead of trust, allowing any two willing parties to transact directly with each other without the need for a trusted third party).

블록체인의 미해결 문제

이 논문에는 다음과 같은 세 가지 전제가 나온다.

- 정당성의 전제: 피어Peer는 서로 거래에 대해 동의한 상태다.
- P2P의 전제: 거래는 P2P(개인 간 거래)로 이루어진다.
- 계산능력 분산의 전제: 정당한 노드의 계산능력의 합계가 공모에 가담한 부정한 노드의 계산능력의 합계보다 크다.

이 세 가지는 '분산된 P2P의 타임스탬프 서버를 이용하여 트랜잭션의 시간적 순서의 전산적 증명을 생성하는 것으로, 이중 사용 문제를 해결하는 시스템'으로 실현된다(원문: a solution to the double-spending problem using a peer-to-peer distributed timestamp server to generate computational proof of the chronological order of transactions). 다르게 표현하자면 이 세 가지 전제를 충족시키는 한 이중 사용 문제에 대해서는 거래에서 신뢰할 수 있는 제3자의 개입이 필요하지 않다. 그런데 중요한 것은 전제가 무너진 경우 또는 이중 사용 문제 이외의 부분에 대해서는 신뢰가 불필요하다고 할 수 없다는 점이다.

'(현재 사용하고 있는 블록체인의) 정당한 노드의 계산능력의 합계가 공모에 가담한 부정한 노드의 계산능력의 합계보다 큰지' 이용자가 특정 시점에서 확정적으로 알 수 없기 때문에 결국 이 점에 대해서는 시스템을 '신뢰'하고 있는 것이 된다. 그리고 피어가 사용하는 노드의 소프트웨어가 정확하게 설계되고 운용되고 있다는 점도 '신뢰'해야 한다(직접 소프트웨어의 코드를 확인하고 운용이 면밀하게 이루어지는지 증명할 수 있다면 이야기가 달라지겠지만).

'무신뢰성'이라는 환상

그런데 현실에서는 사토시 나카모토가 주장한 것보다 훨씬 대단한 것을 블록체인에 기대하는 사람이 많다. 이제부터 비트코인에 사용된 블록체인을 중심으로 아무런 의심 없이 블록체인의 '무신뢰성'을 받아들일 때 생기는 문제점에 대해 상세하게 고찰해보겠다.

우선 해당 시스템이 무엇을 자동적으로 확인함으로써 무신뢰성이 담보되고 있는지 확인해야 한다. 비트코인에 사용된 블록체인의 경우는 앞서 설명한 것처럼 '동의가 이루어진 정당한 거래의 순서를 증명'하는 것 이상의 기능은 갖추고 있지 않기 때문에 이 이외에 부분에서 무신뢰성을 추구한다 해도 '대상이 아니다'라고 말할 수밖에 없다.

그런데 이 '동의가 이루어진 정당한'이라는 표현을 그대로 믿어서는 안 된다. 비트코인의 경우 이 표현은 시스템 내의 닫힌 형태에서만 적용된다. 이 이외의 세계, 예를 들어 토지자산, 저작권, 법정화폐 등과 블록체인상의 토큰을 결합하려는 순간 그 거래가 '동의가 이루어진 정당한 것'이라는 사실을 별도로 확인해야 한다.

블록체인이 증명하는 것은 거래 기록인 트랜잭션의 시간적 순서의 보존(순서 변경 불가능)뿐이다. 일반적으로 '기록된 내용의 정당성'은 증명하지 않는다. 거짓으로 거래 정보가 기록되어도 그 거짓 정보가 그대로 보존된다. 즉 블록체인에 기록된 내용 자체가 정당하다는 확인 또는 '신뢰'를 위한 시스템이 별도로 필요하다. 이 확인 방법으로 암호기술과 같은 기술을 사용하는 것보다 '신뢰할 수 있는 제3자'를 두는 편이 저렴하다면 무신뢰성의 효용은 환상일 뿐이다.

두 번째는 'P2P의 전제'가 문제가 된다. 현재 대부분의 경우 암호화폐의 거래는 거래소를 경유하여 이루어지고 있다. 거래소 시스템은 블록체인 밖의 시스템이다. 따라서 거래소가 신뢰할 수 있는 제3자 기관이 되어버린다. 제3자인 거래소가 신뢰할 수 없는 행동을 한 경우의 전형적인 예가 마운트곡스 사건이다.

세 번째로 '계산능력 분산의 전제'가 실제 비트코인 시스템에서는 충족되지 않았다는 문제가 있다. 여기서는 두 가지 측면에서 문제가 지적되고 있다.

먼저 계산능력을 소수의 주체가 과점하는 문제가 있다. 비트코

　　　　　블록체인의 미해결 문제

인에서는 채굴 파워의 70퍼센트 이상이 중국에 집중되어 있고, 이 대부분에 두 개의 기업이 관여하고 있다고 한다. 만약 특정 정부가 비트코인 운영에 큰 영향력을 행사한다면 그것은 사토시 나카모토가 꿈에 그리던 세계와는 정반대의 디스토피아일 것이다.

다음은 블록체인 시스템에 사용되는 소프트웨어의 정당성 확인이 매우 어렵다는 문제다.

여기서 말하는 소프트웨어에는 각 노드가 도입한 소프트웨어뿐만 아니라 비트코인이라면 트랜잭션에 쓰인 스크립트 언어, 이더리움이라면 스마트 계약도 포함된다. 과연 어느 정도의 사람이 직접 소프트웨어의 코드를 작성하고 확인할까? 거의 대부분의 이용자는 소프트웨어 개발자, 다운로드 사이트, 제공되는 스마트 계약 등을 '신뢰'한다. 따라서 이 구조는 '무신뢰성'을 가진다고 말하기 어렵다.

또한 시스템의 안전성이라는 관점에서 보면 블록체인을 구성하는 소프트웨어는 충분히 분산되어야 하며 다양한 소프트웨어가 사용되어야 한다. 단일 소프트웨어가 사용된 경우에 버그가 발견된다면 '정당한 노드의 계산능력의 합계가 부정한 노드의 계산능력의 합계보다 크다'라는 전제가 간단하게 무너진다.

만약 개발팀이 그 버그를 후에 수정할 수 있다고 하면 이 소프트웨어 개발팀은 해당 시스템에서 신과 같은 위치에 서게 될 것이다. 2016년 6월에 발생한 '더 다오 해킹 사건'은 이 문제가 표면으로 드러난 사례라고 할 수 있다.

과도한 기대를 버리고
현실을 직시한 사용 방법을 모색하라

지금까지 '신뢰'란 무엇인지, 블록체인의 '무신뢰성'이란 무엇인지, 그리고 현재 운용되고 있는 비트코인의 블록체인에서 '신뢰'란 무엇을 의미하는지에 대해 살펴봤다.

그 결과, 블록체인은 현재 '무신뢰성'을 가진다고 말하기 힘든 상황이다. '신뢰할 수 있는 제3자'가 기존의 기관에서 소프트웨어 개발자나 그 외의 기관으로 옮겨진 것뿐이다. 게다가 새로운 '신뢰할 수 있는 제3자'를 신뢰할 수 있는지도 매우 의심스러운 상황이다. 말하자면 블록체인이 무신뢰성을 가지고 비용 절감이 가능하다는 것은 사토시 나카모토가 논문에서 제시한 전제가 충족되는 극히 한정적인 경우를 제외하고는 환상일 뿐이다.

블록체인의 미해결 문제

하지만 그렇다고 해서 블록체인이 아무런 도움도 되지 않는다는 뜻은 아니다. 오히려 필자는 블록체인의 앞날을 기대하고 있다. 현실 세계에 블록체인을 적용할 때 이와 같은 환상을 버리고 제대로 전제를 정리할 필요가 있다는 사실을 말하는 것뿐이다. 그렇지 않으면 환상에 사로잡힌 거품이 꺼지는 동시에 블록체인에도 지우기 힘든 좋지 않는 인상이 남아 사회적으로 매장당할 가능성도 있기 때문이다.

최근 10년 동안 큰 기대를 받던 수많은 기술들이 이런 식으로 사라졌다. 블록체인도 그렇게 되어서는 안 된다. 제5장에서는 주로 비트코인의 기반 기술로 쓰인 블록체인에 대해 고찰했다. 하지만 비트코인과 비슷하게 설계된 다른 블록체인에서도 같은 문제가 발생할 가능성이 높다. 그리고 그렇지 않은 블록체인에 대해서도 동일한 고찰 방식을 적용할 수 있다. 어떤 경우라도 무엇을 전제로 두었는지, 그 결과 무엇을 달성할 수 있는지를 확인하는 것이 중요하다. 이런 과정을 착실하게 밟아가는 것이 번거롭고 복잡한 일로 느껴질지도 모른다. 하지만 지금 필요한 것은 착실하게 꾸준히 연구개발을 이어가는 것이다.

제6장

비트코인의 '합의' 문제

미야자와 신이치

세콤 주식회사 IS 연구소 커뮤니케이션 플랫폼 디비전
스마트 컴퓨팅 그룹 주무연구원

블록체인에 대해서 논의를 하다 보면 '합의'라는 말을 빈번하게 듣게 된다. 블록체인의 기능에 대해 '데이터의 정당성을 복수의 컴퓨터가 합의함으로써 중앙기관 없이 데이터를 공유하는 시스템'이라고 설명하는 경우 등이다. 이 책에서도 집필진이 합의라는 말을 사용한다. 제6장에서는 이 '합의'라는 말의 의미에 대해 자세하게 들여다보기로 하겠다.

'합의'라는 단어는 '두 회사가 협업하는 것에 합의했다'처럼 우리가 일상생활 속에서도 자주 사용하는 말이다. 그런데 일상적으로 사용하는 '합의'라는 말의 이미지를 떠올리며 블록체인에 대한 논의를 진행하면 블록체인 구조에 대해서 제대로 된 논의가 이루어질 수 없다.

분산 시스템 학계 또는 산업계에서는 30년 이상 전부터 분산된 복수의 컴퓨터 사이에서 합의가 형성되는 '합의 문제'에 대해 연구해왔다. 실제로 합의 문제를 해결하는 알고리즘과 프로그램도 이미 등장했다. 이 분산 시스템의 합의 문제를 블록체인 논의에 적용해도 역시 '합의'가 가리키는 의미가 달라져서 합의의 의미 자체에 대한 논의가 필요하게 된다.

혹시 우리는 지금까지 블록체인의 논의에서 누가 무엇에 대해 합의를 한다는 것이 애매모호한 상태에서 '합의'라는 단어를 사용한 것이 아닐까? 논의 참가자의 머릿속에 각각 떠올리는 합의의 이미지가 있기 때문에 혼란이 발생하는 것이 아닐까?

결론부터 먼저 말하자면 현재 우리는 블록체인의 '합의'의 의미에 대해 합의하지 못한 상태다.

이제부터 블록체인을 탄생시킨 비트코인에 초점을 맞춰 합의가 어떤 경위로 분산 시스템 문제와 연관되었는지 검토할 것이다. 전반에는 '합의 문제'를, 후반에는 합의 문제와 밀접한 관련이 있는 '비잔틴 장군의 문제'를 중심으로 해설하겠다.

비트코인이 '달성하고 싶은 것'

비트코인 논의에서 등장하는 '합의'가 무엇인지 알기 위해 먼저 비트코인이 무엇을 달성하기 위한 시스템인지 사토시 나카모토의 논문[1]을 통해 살펴보겠다.

비트코인은 '암호화폐 시스템', 즉 화폐로서의 이용을 목적으로 하는 시스템이다. 커피 등의 제품을 매매하는 화폐로 사용하기 위해 만들어졌다고 할 수 있다.

이중 거래는 암호화폐 시스템에서 우려되는 부정행위 가운데 하나다(도표 6-1).

[도표 6-1]은 X가 암호화폐 100엔의 데이터를 가지고 A에게 80엔을 지불하고 B에게 70엔을 지불하려는 상황이다. 이 예시에서

블록체인의 미해결 문제

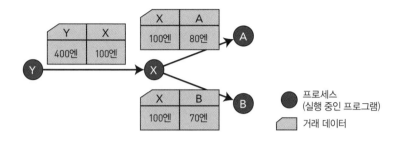

[도표 6-1] 암호화폐에 의한 이중 거래

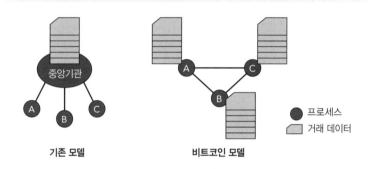

[도표 6-2] 기존 중앙집권 모델과 비트코인 모델의 이력 보유 방식의 차이

암호화폐를 받은 A와 B는 부정행위를 알아차릴 수 없다. 왜냐하면 X의 암호화폐 100엔의 데이터는 디지털 데이터이기 때문에 얼마든지 복제가 가능하기 때문이다. 비트코인 이전의 암호화폐 시스템은 중앙기관이 집중적으로 이와 같은 부정행위를 방지하고 화폐 발행 등의 관리를 하도록 설계되었다.

비트코인이 도전한 목표는 집중 관리를 담당하는 중앙기관이 존재하지 않는 P2P 네트워크에서 이중 거래를 방지하고 화폐를 발행하는 암호화폐 시스템의 실현이었다. 이 목표를 위해서 비트코인은 화폐의 거래와 발행 이력을 전부 비트코인 네트워크에 접속한 모든 컴퓨터가 각각 보유하도록 만들었다(도표 6-2). 즉 중앙기관 한 곳에서 관리를 하는 것이 아니라 전 컴퓨터가 모두 같은 데이터를 보유하는 것이다. 실제로 비트코인 네트워크에 접속한 컴퓨터는 각각 약 130GB(2017년 9월 기준)의 데이터를 보유하고 있다[2].

모든 거래 이력을 보유할 수 있다면 이중 거래를 발견하고 배제할 수 있다. 그래서 비트코인을 건전하게 장기적으로 이용하기 위해서는 비트코인에 접속한 모든 컴퓨터가 전부 완전히 동일한 거래 이력 데이터를 가지는 것이 중요하다.

이 구조를 논의할 때 합의라는 단어가 등장한다. 대략적으로 말하자면 '거래 이력의 올바른 순서에 대해서 대부분의 컴퓨터가 합의함으로써 순서를 조작하여 이중 거래를 하는 부정행위가 불가능해진다'라는 형태로 '합의'라는 말이 등장한다.

그렇다면 여기서 말하는 '합의'란 무엇을 가리킬까?

블록체인의 미해결 문제

복제와 구별 없이 사용되는
비트코인의 합의

비트코인 논의에서 '합의'의 의미가 애매하게 사용되는 이유 중 하나는 분산 시스템 연구에서 등장하는 '복제'인지, '합의'인지가 명확하지 않기 때문이다.

한마디로 말하면 복제replication란 복수의 프로세스(실행 중인 프로그램)가 보유하는 데이터를 항상 같은 상태로 존재하게 만드는 것이며, 합의란 복수의 프로세스가 한정된 기간 내에 단 하나의 값을 채택하는 것이다.

분산 시스템의 복제와 합의의 차이에 대해 더 상세하게 설명하겠다. 복수의 컴퓨터가 모두 같은 데이터의 복제를 보유할 수 있다면 일부 컴퓨터가 고장이 나서 정지하더라도 서비스를 중단 없이 제공할 수 있다.

하지만 안타깝게도 서로 멀리 떨어져 있는 컴퓨터가 복제된 데이터replicated data를 어떤 상황에서도 같은 상태로 유지하는 것은 어려운 일이다. 그래서 분산 시스템 분야에서는 어떻게 복제된 데이터를 만들지에 대해 연구가 이루어졌다. 특히 복제된 데이터의 동일한 정도를 '일관성'이라 부르며, 이 모델과 프로토콜에 대해 많은 연구를 축적했다. 분산 시스템의 '합의'는 이 복제를 실현하기 위한 하나의 수단이다.

프로세스 간의 '합의'를 실현할 수 있다면 합의가 이루어진 모든 프로세스가 같은 순서로 데이터를 수신할 수 있는 시스템Atomic Broadcast, Total Order Broadcast[3](송신 시에 데이터의 손실이 발생하지 않는다는 것도 전제조건)을 만들 수 있다. 이 통신 시스템을 만들 수 있다면 합의한 모든 프로세스에서 복제된 데이터를 동일한 상태로 만들 수 있다(도표 6-3).

[도표 6-3]에서는 각 프로세스가 앞으로 기록할 하나의 값에 대해 합의를 한 후 데이터를 기록한다. 여기서 소개한 예시는 꽤 추상화한 것이다. 실제로는 네트워크의 비동기성이나 장애를 넘어서 합의를 이루기 때문에 리더를 선출하는 모듈(오메가 장애 검출기Ω failure detector라고 한다[4]. 고장이 난 프로세스를 발견하는 것도 고장이 나지 않는 프로세스를 발견하는 것도 마찬가지로 장애 검출기failure detector라 부른다) 등 몇 가지 모듈을 사용하여 합의 시스템을 구축한다.

일반적으로 합의 문제에서는 프로세스의 수가 확정되어 있고 프

블록체인의 미해결 문제

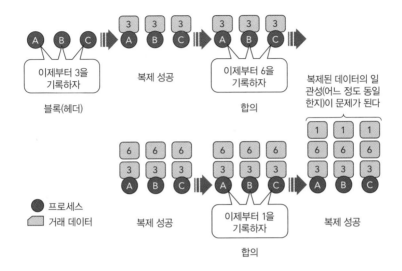

로세스 간에 합의가 이루어지기까지의 시간이 제한된다. 그리고 실제로 사용할 때는 속도가 빠르면 빠를수록 좋다. 한편 계속 복제되는 데이터는 시스템 자체가 정지되어 역할을 끝낼 때까지 최종적으로 어떤 데이터의 집합이 될지 알 수 없다.

분산 시스템의 '합의'란 무엇인가

여기에서는 분산 시스템의 '합의'에 대해 보다 면밀하게 검토해보겠다.

복제도 합의가 이용되는 사례 가운데 하나다. 분산 시스템 분야에서는 지금까지 '분산된 컴퓨터 사이에서 하나의 값을 채택'하기 위한 알고리즘이 연구되어왔다. 이 알고리즘 연구를 '합의 문제Consensus Problem'라 부른다. 정의로는 다음과 같은 것이 있다.

All correct process propose a value and must agree on some value related to the proposed values.

(필자의 번역)모든 고장이 나지 않은 프로세스는 하나의 값을 제안하고

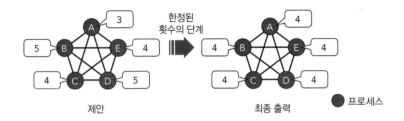

[도표 6-4] 합의 문제

한정된
횟수의 단계

3
5
4
4
5
A
B
E
C
D

4
4
4
4
4
A
B
E
C
D

● 프로세스

제안

최종 출력

그 제안된 값 가운데 하나의 값으로 합의해야 한다.

그리고 합의는 한정된 횟수의 과정에서 도출할 수 있어야 한다. 도표로 만들어보면 [도표 6-4]처럼 된다.

합의 문제의 해결이 어려운 것은 정상적인 프로세스라면 프로세스나 네트워크에서 장애가 발생해도 합의를 할 수 있는 알고리즘을 생각해야 하기 때문이다. 장애를 염두에 두지 않는 알고리즘에서 합의 형성 중인 프로세스에 장애가 발생하면 복수의 프로세스가 서로 다른 값으로 결정을 하기 때문에 시간이 아무리 흘러도 합의에 이를 수 없다.

이런 문제를 극복하기 위해서는 주고받는 메시지의 양을 늘릴 수밖에 없다. 그렇기 때문에 합의까지 필요한 시간과 메시지의 수를 얼마나 효율적으로 관리할 수 있을지가 중요한 과제가 된다. 그리고 메시지가 기존의 한정된 시간 내에 도달할 수 있는지 없는지(동기 모델인지 비동기 모델인지) 등 분산 시스템의 몇 가지 성질을 고려하지 않으면 합의 문제를 해결하는 알고리즘을 정의할 수 없다.

그렇기 때문에 학술논문에서는 상정할 분산 시스템의 성질, 발생 가능한 장애 모델을 명확하게 한 다음 합의 문제를 풀 알고리즘에 대해 논해야 한다. 논문에 따라서는 문제를 보다 정확하게 정의하기 위해 합의 문제를 다음의 세 가지 성질로 나눠서 정의하는 경우도 많다.

- 종료Termination: 한정된 횟수의 과정으로 합의에 이른다.
- 타당성Validity: 합의된 값은 제안된 값이다.
- 동의Agreement: 다른 값으로 합의하는 프로세스가 존재하지 않는다.

이와 함께 무결성Integrity, 즉 한 번 합의한 값은 뒤집을 수 없다는 성질이 명시되는 경우도 있다.

블록체인의 미해결 문제

발표 당시부터 애매했던
비트코인의 합의

지금까지 살펴본 것처럼 분산 시스템에서의 '합의'는 프로세스 간의 합의를 가리키는 것으로 그 정의도 확실하다.

이에 비해 블록체인을 논하는 사람들이 말하는 '합의'의 의미는 다음과 같이 폭넓게 사용된다. 사람에 따라 사용하는 의미가 다르기 때문에 논의 중에 혼동이 일어나기도 한다.

- 복제된 데이터의 일관성

  예: 비트코인bitcoin.org 에서의 합의Consensus의 정의[5]

- 복제를 실현하는 알고리즘 전체

  예: 사토시 나카모토의 논문[1]에 등장하는 합의 형성 구조Consensus

- 분산 시스템에서 연구되어온 합의

  예: 비트코인의 합의는 분산 시스템의 합의가 아니라는 지적[6]

- 인간 사이의 합의

  예: 비트코인 이용자 간 거래에 대한 합의, 비트코인 개발자 커뮤니

  티 내의 개발방침에 대한 합의

이 '합의'의 의미를 보다 명확히 한다면 혼란스러운 논의가 보다

원활하게 진행될 것이다. 그렇다면 왜 비트코인에서 '합의'의 정의를

둘러싸고 혼란이 발생했던 것일까?

그것은 비트코인의 원전이라 불리는 사토시 나카모토의 논문[1]에

서조차 누가 무엇에 대해 합의하는지 애매한 상태에서 합의agree, consensus

라는 단어를 쓴 것에서 기인한다고 할 수 있다. 이 논문에는 합의를

하는 주체가 무엇인지, 무엇에 대해서 합의를 하는지가 확실하게 기

술되어 있지 않다.

최초로 'agree'라는 단어를 사용한 부분을 발췌했다.

To accomplish this without a trusted party, transactions must

be publicly announced, and we need a system for participants

to agree on a single history of the order in which they were

received. The payee needs proof that at the time of each

transaction, the majority of nodes agreed it was the first received.

(필자의 번역)신뢰할 수 있는 기관에 의존하지 않고 이(거래가 이중 거래가 아니라는 사실을 지불 받는 사람이 알 수 있는 것–옮긴이)를 실현하기 위해서는 거래를 공개적으로 알려야 한다(즉, 참가자는 모든 거래를 수신한다–옮긴이). 그리고 수신한 거래의 전후관계 이력을 유일한 이력으로 참가자들이 합의하는 시스템이 필요하다. 지불을 받는 수신인은 거래를 실행할 때 대다수의 노드가 '이 거래가 최초로 수신된 것(즉, 이중 거래가 아니다–옮긴이)'이라고 합의한 증거가 필요하다.

여기서는 'agree'가 두 번 등장한다. 처음에 나온 'agree'의 주체로 설명되는 'participants'는 아마도 비트코인의 이용자(인간)일 것이다. 합의하는 대상은 '비트코인을 이용하는 한 거래 이력은 유일한 이력이어야 한다'는 사실이다.

두 번째 등장하는 'agree'의 주체인 'node'는 일반적으로 컴퓨터를 가리키지만, 여기서는 컴퓨터로도 생각할 수 있고 프로세스로도 생각할 수 있다. 합의의 대상은 블록체인이 유일한 이력이며 이중 거래가 아니라는 사실이다. 이 부분을 도표로 만들면 [도표 6-5]처럼 된다.

논문의 가장 마지막에는 돌연 합의에 이르는 과정을 의미하는 'consensus'라는 단어가 등장한다.

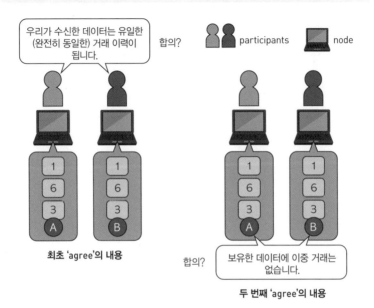

우리가 수신한 데이터는 유일한 (완전히 동일한) 거래 이력이 됩니다.

합의?

participants

node

최초 'agree'의 내용

합의?

보유한 데이터에 이중 거래는 없습니다.

두 번째 'agree'의 내용

Any needed rules and incentives can be enforced with this consensus mechanism.

(필자의 번역)이 합의 형성 구조를 통해 (채굴에–옮긴이) 필요한 규칙과 인센티브가 보장된다.

이 문장의 'consensus mechanism(합의 형성 구조)'이 무엇을 의미하는지는 명확하지 않지만, 아마도 비트코인의 구조 전체를 뜻하는 것으로 보인다. 여기서도 역시 누가 무엇에 합의하는 구조인지 애매하게 표현되었다.

이상에서 살펴본 것처럼 사토시 나카모토의 비트코인 논문에서는 합의를 하는 주체와 대상이 모두 애매한 상태다.

합의 문제와 비잔틴 장군 문제

여기서부터는 비트코인 논의에서 화제가 되었던 '비잔틴 장군 문제Byzantine Generals' Problem'에 대해 마이클 피셔Michael J Fischer의 논문[7]을 참고해 살펴보겠다. 조금 멀리 돌아가는 방법이지만, 비잔틴 장군 문제에 대해서 다음의 다섯 가지 과정을 거쳐 설명할 생각이다.

① 합의 문제
② 상호 간의 일관성 문제
③ 장군 문제
④ 비잔틴 장애
⑤ 비잔틴 장군 문제

블록체인의 미해결 문제

⬡ ① 합의 문제

합의 문제에서는 먼저 고장이 발생하지 않은 모든 프로세스가 하나의 값을 제안한다. 그리고 그 제안된 값 가운데 하나의 값으로 모든 고장이 나지 않은 프로세스가 합의를 한다.

⬡ ② 상호 간의 일관성 문제

그렇다면 모든 프로세스가 하나의 값으로 합의를 하기 위해서는 어떻게 해야 할까?

한 가지 방법으로 '모든 프로세스가 각각 제안한 값을 전부 아는 방법'을 생각해볼 수 있다. 모든 프로세스가 전 프로세스의 제안값 리스트Interactive Consistency Vector를 얻을 수 있다면 그 리스트에서 전 프로세스 공통의 규칙(예: 최소값, 최대값, 중앙값, 다수결)에 따라 하나의 값으로 좁혀가면 된다.

이처럼 전 프로세스가 서로의 제안값을 모두 알기 위해서 필요한 알고리즘을 생각하는 문제를 '상호 간의 일관성Interactive Consistency 문

[도표 6-6] 상호 간의 일관성 문제

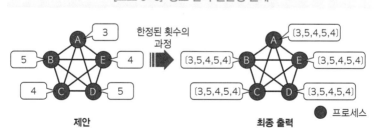

제안　　　　　　　　　　　최종 출력　　　　● 프로세스

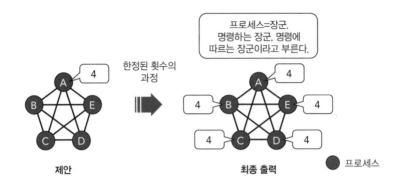

[도표 6-7] 장군 문제

프로세스=장군.
명령하는 장군, 명령에
따르는 장군이라고 부른다.

한정된 횟수의
과정

제안   최종 출력   ● 프로세스

제[8]'라 부른다(도표 6-6).

③ 장군 문제

장군 문제는 상호 간의 일관성 문제의 특수한 형태라 볼 수 있다. 무엇이 특수하냐고 묻는다면 값을 제안하는 프로세스가 하나뿐이라는 것이다(도표 6-7).

여기서 장군general이란 프로세스를 가리킨다. 값을 제안하는 프로세스도 값을 알고 있는 프로세스도 전부 장군이다. 장군 문제와 상호 간의 일관성 문제의 본질은 같다. 상호 간의 일관성 문제를 해결하는 알고리즘이 제안을 하는 전 프로세스 가운데 하나의 프로세스에 집중하면 장군 문제도 해결할 수 있기 때문이다. 반대로 장군 문제를 해결하는 알고리즘이 존재한다면 그 알고리즘을 전 프로세스에서 실행함으로써 상호 간의 일관성 문제도 해결할 수 있다. 그리고 앞서 설명한 것처럼 상호 간의 일관성 문제를 해결할 수 있다면 합의 문제도 해결이 가능하다.

🔷 ④ 비잔틴 장애

지금까지 합의 문제, 상호 간의 일관성 문제, 장군 문제에 대해 설명했다. 세 가지 모두 간단하게 해결할 수 있는 평범한 문제로 보였을지도 모르겠다. 하지만 실제로 이들 문제를 해결할 알고리즘을 개발하는 것은 아주 어려운 일이다. 세 가지 모두 특정 프로세스에서 장애가 발생할 가능성을 염두에 둬야 하기 때문이다. 알고리즘이 실행 중인 프로세스에서 장애가 발생해도 장애가 발생하지 않은 프로세스 간에 합의가 이루어지는 알고리즘을 개발해야 한다.

상호 간의 일관성 문제에서 각 프로세스에 다른 값을 제안하거나 정지한 것처럼 전혀 제안을 하지 않는 프로세스가 존재한다면 각각의 프로세스가 파악할 수 있는 제안값 리스트가 달라질 것이다. 제안값 리스트가 프로세스마다 다르다면 하나의 값으로 합의하기가 어렵다.

이런 프로세스의 장애를 배신 행위가 횡행하던 비잔틴제국의 장군들에 빗대어 '비잔틴 장애'라 부른다. 비잔틴 장애는 임의의 장애로도 불리며 상정할 수 있는 다양한 장애를 가리키는 경우도 있다(도표 6-8).

⑤ 비잔틴 장군 문제

여기까지 설명한 내용은 비잔틴 장군 문제[9]를 소개하기 위한 사전 설명이었다. 비잔틴 장군 문제란 비잔틴 장애의 발생을 고려한 장군 문제다(도표 6-9). 여기서는 비잔틴 장애를 먼저 설명했지만, 사실 비잔틴 장군 문제이라는 말에서 파생된 말이 비잔틴 장애다.

이 문제를 일본의 상황에 빗대어 말하자면 전국시대의 전투에서 다른 다이묘(지방 영주)를 혼란에 빠트리기 위해 서신(메시지)을 보낼 가능성에 비유한 '전국 다이묘 문제'라 할 수 있다.

세키가하라 전투에서 동군에 속한 다이묘들에게 같은 동군의 다이묘인 도쿠가와 이에야스가 쓴 '돌격하라'라는 서신이 도착했다고 해보자. 동군의 모든 다이묘가 총력을 기울여 돌격한다면 서군에게

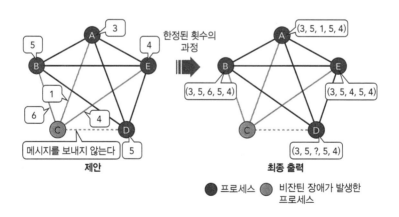

[도표 6-8] 비잔틴 장애가 발생한 상태에서의 상호 간의 일관성 문제

블록체인의 미해결 문제

승리하겠지만, 일부 다이묘만 돌격한다면 서군에게 반격을 당할 것이다. '돌격하라'라는 메시지를 담은 서신은 다른 다이묘에게도 전해졌겠지만, 이 시점에서 다른 다이묘가 돌격할지 하지 않을지는 불확실하다.

여기서 동군의 모든 다이묘가 서로 서신으로 '모두 돌격하는 거지?'라고 재확인하는 장면을 상상해보길 바란다. 이 다이묘 중에는 '돌격한다' 또는 '돌격하지 않는다'라는 서신을 보내는 다이묘, 서신을 아예 보내지 않는 다이묘, 각각의 다이묘에게 전부 다른 메시지를 보내는 다이묘가 존재할 것이다.

최초에 명령의 서신을 보낸 도쿠가와에게 비잔틴 장애가 발생했을 가능성도 잊어서는 안 된다. 비잔틴 장군 문제는 이와 같은 상황

[도표 6-9] 비잔틴 장군 문제

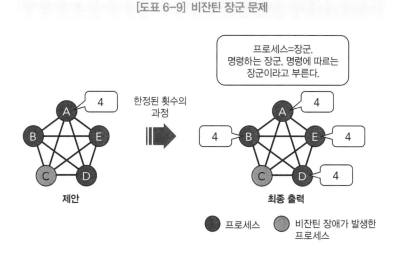

에서도 동군이 만장일치(비잔틴 장애가 발생한 다이묘 제외)로 '돌격한다'
또는 '돌격하지 않는다'를 결정할 수 있는 알고리즘을 발견할 수 있는
지 묻는 문제다.

상정되는 경우가 많지 않은 비잔틴 장애

비잔틴 장애가 발생한 시스템에 대해서는 지금까지 많은 연구가 진행되었다. 하지만 실용화라는 의미에서는 항공기 등 사람의 목숨과 관련된 시스템 이외에는 비잔틴 장애가 상정되는 경우가 적었다.

미국 구글 기반의 시스템과 하둡Hadoop[10] 등에서 사용되는 팍소스Paxos나 ZAB[12]와 같이 클라우드 업계에서 유명한 합의 알고리즘은 비잔틴 장애 전반은 고려하지 않고 보다 한정적인 장애라 할 수 있는 충돌Crash 장애(프로세스가 정지하는 장애)를 상정한다. 구글과 같은 클라우드 기업이 충돌 장애를 상정하는 이유는 사용 컴퓨터의 대수가 늘어나면 날수록 일부 컴퓨터의 고장, 즉 충돌 장애를 피하기 어렵기 때문이다.

클라우드 기업이 비잔틴 장애까지 고려하기 어려운 이유는 그것이 현실적인 대응이기 때문이다. 비잔틴 장애, 특히 각기 다른 값을 제안하는 등의 장애 요인으로는 하드웨어 장애도 있겠지만 버그나 악의를 가진 멀웨어 등이 일반적이다. 그렇기 때문에 관리자의 통제가 이루어지는 시스템이라면 비잔틴 장애를 고려한 비효율적인 합의 알고리즘을 사용하지 않고도 디버그Debug(오류 수정)나 보안 강화에 주력하여 장애 발생을 막을 수 있다.

여기서 합의 알고리즘을 '비효율적'이라고 표현한 것은 비잔틴 상애를 고려한 분산 시스템에서는 프로세스의 수가 늘어나면 프로세스 간에 주고받아야 하는 메시지 양이 방대해지기 때문이다. 비잔틴 장군 문제의 해결책이 될 알고리즘에는 (비잔틴 장애가 상정되는) 프로세스의 수에 따라 필요한 메시지의 양이 기하급수적으로 증가할 수도 있다는 문제가 당초부터 제기되었다. 그 후 메시지의 양을 줄이는 연구가 진행되었지만 현실적인 알고리즘은 좀처럼 발견되지 않았고 연구 단계를 넘어서는 일이 적었다.

최근에는 이 문제를 해결할 알고리즘으로 PBFTPractical Byzantine Fault Tolerance라 불리는 알고리즘에 관한 논문[13]이 화제가 되었다. 논문의 제목에 굳이 'Practical'이라는 단어를 넣은 것은 이제까지의 알고리즘이 얼마나 비효율적이었는지를 보여준다고 생각할 수 있다. PBFT에서도 역시 프로세스의 수를 큰 폭으로 늘리는 것은 어렵다고 한다.

블록체인의 미해결 문제

P2P 시스템과 비잔틴 장애

비잔틴 장애를 막기 위해서는 버그를 없애거나 멀웨어의 침입 등을 막는 것이 먼저이겠지만, 이 방법으로도 비잔틴 장애를 막을 수 없는 환경이 있다. 그 중 하나가 비트코인과 같은 어떤 컴퓨터가 접속하고 있는지 예상할 수 없는 P2P 시스템이다.

비잔틴 장군 문제를 비롯한 합의 문제 연구에서는 이제까지 합의 형성에 참가하는 프로세스의 수는 고정되어 있다고 가정하고 연구를 진행해왔다. 그래서 지금도 많은 합의 알고리즘의 구현에서는 합의를 하는 프로세스의 멤버십 상태를 관리하는 모듈을 장착한다. 그런데 P2P 시스템이 등장한 후에는 시스템에 참가하는 프로세스가 아주 역동적이기 때문에 관리가 어려운 환경에 대해서도 합의의 가능 여부가 연구되고 있다.

여기서 소개하고 싶은 두 가지 논문이 있다. 〈시빌 공격Sybil Attack〉
이라는 제목으로 유명한 두세르Douceur의 논문[14]과 이 논문을 발전시
킨 아스프너스Aspnes의 논문[15]이다.

두세르의 논문은 P2P 시스템처럼 익명의 컴퓨터가 자유롭게 참
가/이탈하는 시스템에서 이용자 ID(또는 프로세스)의 수에 영향을 받
는 합의, 예를 들면 투표를 통한 다수결과 같은 합의 알고리즘에는
이를 파괴하려는 공격이 반드시 존재한다는 것을 증명한 논문이다.

두세르는 이 공격을 시빌 공격이라 불렀다. 시빌이란 동명의 소
설에 등장하는 16명의 인격을 가진 주인공의 이름이다. 이 이름이 보
여주는 것처럼 시빌 공격은 1명의 이용자가 하나의 컴퓨터 내에서 다
수의 이용자 ID(또는 프로세스)를 만들어 P2P 시스템에 접속하여 투표

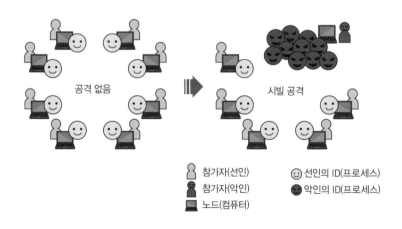

[도표 6-10] 시빌 공격

참가자(선인)
참가자(악인)
노드(컴퓨터)
선인의 ID(프로세스)
악인의 ID(프로세스)

블록체인의 미해결 문제

를 통제하는 공격이다(도표 6-10).

두세르의 논문에서 흥미로운 부분은 '만약 P2P 시스템 내에서 이용자 ID 생성이 계산량('Proof of Work'가 아니라 'Computation Puzzle'이라고 표현)에 따라 달라지는 구조를 만들어도 계산자원을 많이 가진 자에게 주도권을 빼앗긴다'라는 언급을 한 점이다.

두세르의 논문이 발표되고 3년이 흐른 뒤 2005년에 등장한 아스프너스의 논문에서는 비트코인의 구조에 더 가까운 연구가 이루어졌다. 아스프너스는 두세르의 시빌 공격의 전제조건이 선인에게 불공평하다고 주장했다.

두세르가 주장한 시빌 공격의 전제조건은 악인은 자신의 컴퓨터 내에서 복수의 ID(또는 프로세스)를 만들 수 있지만 선인은 자신의 컴퓨터 내에서 ID를 하나밖에 만들지 못한다는 것이었다. 그래서 아스

[도표 6-11] Exposing Computationally-Challenged Byzantine Impostors

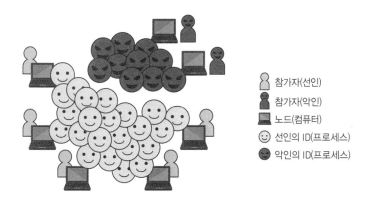

- 👤 참가자(선인)
- 👤 참가자(악인)
- 💻 노드(컴퓨터)
- 😊 선인의 ID(프로세스)
- 😈 악인의 ID(프로세스)

프너스는 선인도 자신의 컴퓨터에서 복수의 ID를 만들 수 있다는 것을 전제로 합의 알고리즘을 생각했다.

합의 알고리즘을 실행하기 직전에 선인의 컴퓨터군과 악인의 컴퓨터군 사이에서 계산력의 총합을 경쟁시킨다. 이 경쟁의 결과, 각 컴퓨터군이 획득할 수 있는 ID의 수가 계산력에 따라 결정된다. 다음으로 획득한 ID를 이용하여 이전부터 존재하던 비잔틴 장애를 전제로 한 합의 알고리즘을 실행한다(도표 6-11).

그 결과 P2P 시스템에서도 각 프로세스 사이에서 합의를 형성할 수 있다고 아스프너스는 주장했다. 악인이 존재해도 비잔틴 장군 문제를 해결하는 알고리즘을 통해 선인들만의 합의를 형성할 수 있다는 것이다. 단, 이 연구에서도 계산자원을 많이 가진 자가 합의 형성의 주도권을 잡게 된다는 점에서는 두세르의 연구와 같은 결과가 도출된다.

비트코인과 비잔틴 장군 문제

그리고 2008년에 비트코인 논문이 등장한다. 하지만 사실 비트코인의 원 논문에는 비잔틴 장군 문제의 '비'도 나오지 않는다. 비트코인과 비잔틴 장군 문제가 직접 연관되어 화제가 된 것은 원 논문에서가 아니라 암호 관련 논의가 이루어지던 한 메일링리스트에서였다. 사토시 나카모토가 비트코인 논문을 처음 공개한 직후 메일링리스트상에서 이루어진 논의[16]에서 나카모토 자신이 '작업증명 체인이 비잔틴 장군 문제의 해결책이다The proof-of-work chain is a solution to the Byzantine Generals' Problem'라고 발언한 것이다.

하지만 여기서 나카모토는 비잔틴 장애가 발생한 프로세스에 대해서는 전혀 언급하지 않는다. 또한 이 책에서 설명한 장군 문제에 대한 설명도 없다. 나카모토가 메일링리스트에서 설명한 내용은 비동기 환경에서의 합의 문제다.

이 부분의 설명은 아주 길기 때문에 여기서는 필자가 번역한 개요만 소개하겠다. 정확하게 내용을 파악하고 싶다면 참고문헌[16]을 참조하여 내용을 확인하길 바란다.

가장 먼저 장군들(프로세스)이 값을 제안한다. 각각이 처음 수신한 값을 합의된 값으로 결정할 수 있다면 좋겠지만, 메시지의 송수신 처리는 동기화되지 않기 때문에 장군마다 가장 처음 수신한 값이 달라 만장일치로 합의하는 것은 불가능하다.

여기서 작업증명Proof of Work, PoW이 등장한다. 다른 장군에게서 제안되어 수신한 값에 대해 장군들은 약 10분에 걸쳐 계산을 실행한다. 답PoW이 도출되면 각 장군에게 전송한다.

PoW를 수신한 장군은 PoW를 체인으로 연결한다. 긴 체인을 우선시하며 PoW의 체인을 만들고, 뒤에 이어지는 PoW를 재계산한다. 이상의 작업을 12회 반복하면 2시간 후에는 분명히 12회분의 PoW가 결합된 유일한 값이 각 장군에게 남게 될 것이다.

이 알고리즘으로 비잔틴 장군 문제 또는 합의 문제가 해결되는지는 증명되지 않는다. 비잔틴 장군 문제라는 키워드를 언급한 이유도 불분명하다. 그런데 비트코인은 P2P 시스템이며 비잔틴 장애도 발생할 수 있다. 그렇다면 비트코인에서 발생하는 비잔틴 장애란 무엇일까?

블록체인의 미해결 문제

비잔틴 장애란 프로세스에서 일어날 수 있는 다양한 장애를 말한다. 따라서 비트코인의 프로세스가 충돌하는 장애도 비잔틴 장애의 한 종류라 할 수 있다. 그리고 암호화폐 시스템 특유의 장애로 제6장의 서두에서도 소개한 '한 프로세스가 이중 거래를 시도'하는 장애가 있을 수 있다. 즉 암호화폐 시스템에 모순되는 거래가 송신될 가능성이 있다는 것이다(도표 6-12). 이것은 비트코인 시스템에서 발생하는 대표적인 비잔틴 장애라 할 수 있다.

비트코인에서는 이와 같은 이중 거래를 작업증명, 즉 채굴 작업을 통해 배제하고 있다. 그렇다면 비트코인은 비잔틴 장군 문제를 직접 겪어본 적이 있을까? 만일 그렇다면 비잔틴 장군 문제를 '해결'한 것일까?

불특정 다수의 노드가 참가할 수 있는 P2P 시스템인 비트코인이 비잔틴 장애를 상정할 필요가 있다는 사실은 틀림없다. 또한 트랜

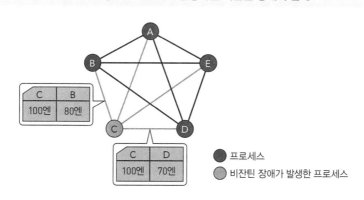

[도표 6-12] 비트코인에서 발생하는 비잔틴 장애의 일례

잭션이나 블록을 제안하는 프로세스와 그 제안을 받아들이는 프로세스가 존재한다는 사실을 생각하면 비트코인에는 비잔틴 장군 문제가 잠재되어 있다고 말할 수 있다.

하지만 비트코인에서는 전 프로세스가 하나의 값으로 합의하는 과정이 명확하지 않거나 복제된 데이터의 내용이 후에 뒤집어지기도 하기 때문에 기존의 합의 문제를 바라보는 관점에서는 파악이 힘들다. 또한 '동의', '타당성', '종료' 등으로 나눠져 있는 '합의 문제'의 명확한 정의도 확정되지 않았다(정의를 시도한 논문은 있다[17]). 합의 문제에 대해 엄밀한 정의가 존재하지 않기 때문에 합의의 도출 여부에 대한 증명도 이루어지지 않았다.

이상의 이유로 비트코인은 비잔틴 장군 문제에 도전하고 있다고 볼 수도 있겠지만 해결했다고 아직 단언할 수는 없다는 것이 필자의 견해다.

인간에 의한 시스템 운영 방침 합의의 필요성

2017년 8월 일어난 비트코인의 분열을 기억하는 사람도 많을 것이다. 이 분열 사건에서는 어떤 세력의 의견을 채택할지 컴퓨터가 자동적으로 선택(합의)한 것이 아니라 인간의 의지로 선택이 이루어졌다.

이번에는 2013년 3월에 발생한 프로그램의 버전 업그레이드에 따른 블록체인의 분기와 그 대책에 대해 소개하고자 한다. 이것은 인간에 의한 의도적인 분기가 아니라 의도치 않은 분기였다.

분산 시스템에서는 프로그램의 버전 업그레이드가 장애의 원인이 되기도 한다. 버전을 업그레이드하면 메시지의 데이터 구조와 프로토콜이 변경되어 상정하지 않은 조합이 등장하면서 장애가 발생한다. P2P 시스템은 네트워크상의 프로그램을 누군가가 일괄적으로

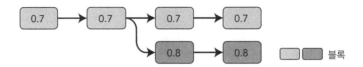

[도표 6-13] 0.7 버전과 0.8 버전의 혼재(네트워크)

블록

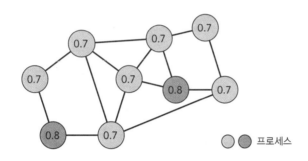

[도표 6-14] 0.7 버전과 0.8 버전의 혼재

프로세스

관리하는 것이 불가능하기 때문에 버전의 통일이 더욱 어렵다. 비트코인에서도 0.7 버전에서 0.8 버전으로 업그레이드를 하면서 블록체인이 대대적으로 분기하는 일이 발생했다[18].

개요를 간단하게 설명하자면, 비트코인의 0.8 버전이 발표된 후에 비트코인의 네트워크상에 버전 0.7과 0.8이 공존하게 된 것이다(도표 6-13).

0.7 버전에서는 블록의 크기에 제한이 있었지만 0.8 버전에서는 그 제한이 사라져 보다 큰 블록을 생성할 수 있게 되었다. 하지만 이렇게 생성된 블록은 0.7 버전의 프로그램에서 수신하기에는 크기가

블록체인의 미해결 문제

지나치게 컸다. 그 결과 버전 0.7과 0.8로 블록의 분기가 일어났다(도표 6-14).

이 문제는 바로 발견되었고, 개발자와 채굴자가 서로 의견을 교환했다. 0.8 버전을 사용하던 채굴자는 손해가 발생하는데도 불구하고 직접 블록을 생성하던 0.8 버전을 포기하는 데 '합의'했다.

이처럼 분산 시스템을 구성하는 프로그램의 버전 변경은 때로 장애의 원인이 된다. 완벽하게 버그가 존재하지 않는 프로그램이나 시스템을 만드는 것은 기본적으로 아주 어렵다. 또한 상정하지 못한 장애도 충분히 일어날 수 있다.

이런 경우 인간의 판단에 근거한 대응이 필요하다. 탈중앙화를 추구하는 시스템에서 장애가 발생하여 인간의 판단이 필요해진 경우에는 탈중앙화에 모순되는 일이 일어나지 않도록 누구의 판단에 의존할 것인가 하는 문제가 아주 중요하다.

의도적인 분기이든 의도치 않은 분기에서의 복귀이든 현재의 비트코인은 시스템 자체에만 의존할 수 없는 상황이다. 분명 개발자, 이용자와 같은 인간의 의지도 크게 영향을 미칠 것이다.

'누가' '무엇에 대해' 합의하는지 명시할 것

합의 문제와 밀접한 관련이 있는 '비잔틴 장군 문제'에 초점을 맞춰 비트코인과의 관련성에 대해 생각해보았다. 비트코인은 P2P 시스템으로 개발되었다. P2P 시스템은 어떤 프로그램이 네트워크에 접속하는지 알 수 없기 때문에 비잔틴 장애에 대한 내성을 갖도록 개발이 진행되었다.

한편 비트코인처럼 누구에게나 개방되어 있는 블록체인(퍼블릭 블록체인)이 아니라 참가하는 프로세스의 관리체계가 정비되어 있는 프라이빗 블록체인을 검토할 때는 '애초에 비잔틴 장애를 고려할 필요가 있는가', '어떤 장애를 상정할 필요가 있는가' 등을 냉정하게 파악하는 것이 중요하다.

제6장에서는 이전부터 연구가 이루어진 분산 시스템에서의 합의 문제와 비잔틴 장군 문제에 대해 간략하게 정리하고 비트코인의 '합의'와 '비잔틴 장군 문제'에 대해 고찰했다. 우리는 어쩌면 이제까지 각자 생각하는 '합의'를 전제로 논의를 전개해온 것일지도 모른다. 분산 시스템을 연구·개발하는 사람들은 자신들의 '합의'의 정의가 명확하기 때문에 블록체인 논의의 '합의'에 대한 애매한 정의에 위화감을 느낄지도 모른다. 한편 분산 시스템 전문가가 아닌 사람들은 인간끼리의 합의를 상상하며 논의를 진행할지도 모르겠다.

이와 같은 상황이 비트코인이나 블록체인 논의를 오해 없이 원활하고 건전하게 전개하는 데 방해가 되고 있다고 필자는 생각한다. 만일 앞으로도 합의라는 단어를 사용한다면 사용할 때마다 '누가' '무엇에 대해' 합의를 하는지 반드시 명시해야 할 것이다. 어쩌면 '합의'와는 다른 단어를 생각할 필요가 있을지도 모른다.

비트코인이나 블록체인을 정식화하는 연구는 지금도 진행 중이다[19, 20]. 비트코인의 메커니즘을 설명하기 위한 새로운 용어는 블록체인처럼 앞으로 점차 통일될 것이다.

제7장

블록체인은 확장 가능한가

구스노키 마사노리

재팬 디지털 디자인 CTO
국제대학교 GLOCOM 객원연구원

"블록체인이 세계의 결제 시스템을 바꾼다."

이 말의 타당성 여부와는 관계없이 그 배경에는 블록체인은 '저렴한 비용으로 스케일 아웃Scale out(성능 향상을 위해 장비를 추가하는 것)이 가능한 데이터베이스'이며 '기존의 서버 집중형 시스템에 비해 저렴한 가격으로 대규모로 확장이 가능할 것'이라는 믿음, 즉 일종의 '신화'가 존재한다. 하지만 이것은 적어도 현 시점에서는 블록체인의 현실과는 많이 다르다고 할 수 있다. 집필 시점에서 운용되고 있는 최대 규모의 블록체인 기반 시스템인 비트코인의 경우 약 10분 동안 처리 가능한 트랜잭션(거래)의 데이터 용량은 1MB 정도다. 1트랜잭션의 데이터 양은 거래의 성질에 따라 다르지만 평균을 계산해보면 1초에 7트랜잭션 정도가 처리 가능하다. 이 정도로는 세계의 결제 인프라를 책임질 처리 성능이라고 말하기 어렵다.

또한 거래 처리에 필요한 IT 비용은 대가를 지불하는 채굴 비용만 보더라도 현재 10분마다 12.5BTC(집필 시점의 교환 비율로 계산하면 약 80만 엔)가 지불되고 있으며, 1트랜잭션당 단가는 수백 엔부터 수천 엔에 이른다(교환 비율은 변동이 크다. 다음의 설명은 2016년 7월 기준이다).

이 금액은 은행의 이체 수수료와 비교하면 비슷하거나 오히려 더 높은 수준이기 때문에 결코 '저렴한 비용으로 송금할 수 있다'라고 하기 어렵다. 비트코인 생태계에서는 채굴 보수를 이용자가 부담하지 않고 화폐주조차익으로 충당하기 때문에 크게 의식하고 있지 않을 뿐이다. 원래대로라면 비트코인의 운영 비용에 채굴 보수뿐만 아니라 비트코인의 모든 트랜잭션을 보관하는 전 노드의 서버 비용도 포함시켜야 한다. 그런데 이 비용에 대해서는 참가자들이 별도로 보수를 받지 않기 때문에 시스템 전체의 원가 계산이 어렵다. 이것이 현 시점에서 비트코인의 실정이다.

이렇게 무력하고 불완전한 블록체인의 성능을 기술적인 노력으로 어느 정도 수준까지 향상시킬 수 있을까? 이 문제를 제기하는 것이 바로 '블록체인의 확장성 문제'다.

제7장에서는 비트코인의 예를 통해 확장성 문제의 해결을 위한 다양한 시도와 노력에 대해 소개하고, 현재 블록체인 기술이 직면한 과제를 제시한다.

전혀 다른 두 가지의 확장성 문제

한마디로 '블록체인의 확장성 문제'라고 말해도 사실 여기에는 두 가지의 전혀 다른 기술적 문제가 존재한다.

한 가지는 비트코인이 처리할 수 있는 데이터 용량을 어떻게 늘릴 수 있을지에 관한 문제다. 최근에는 비트코인의 거래량이 늘어난 결과, 10분이 채 되기 전에 1MB, 즉 10분마다 생성되는 블록 크기가 한계에 도달한다. 이렇게 되면 거래 데이터가 블록에 저장되기 어려워 거래의 확정이 크게 지연된다. 이 문제를 해결하기 위해서는 비트코인의 처리 성능을 향상시킬 수밖에 없다. 다른 한 가지는 비트코인의 블록체인 기술 자체가 기존의 정보 시스템보다 처리 용량을 늘릴 수 있을지에 관한 문제다.

먼저 후자는 블록체인이라는 말의 정의조차 정착되지 않은 현 상황에서 자세하게 비교하기가 어렵다. 블록체인이라고 불리는 기술은 각기 다른 수준에서 저마다의 데이터 일관성(일치)을 약속한다. 이 약속의 구조는 블록체인에서 '합의 알고리즘'이라고 총칭되지만 무엇을 합의라고 부르는지도 애매한 상태다. 예를 들어 광대역에서 지연이 적은 단일 데이터 센터 내에서 블록체인을 이용하여 데이터의 동기화에 대한 요건을 완화한다면 보다 높은 트랜잭션 처리 능력을 발휘할 수 있다. 하지만 실제로는 어느 정도 성능이 좋아질지 동일한 기준에서 비교할 수 있는 단계가 아니다.

많은 블록체인은 내부적으로 NoSQL 기반의 데이터베이스 백엔드를 이용하고, 블록체인으로서의 각종 기능은 애플리케이션 또는 API층으로 실행하고 있다. 비트코인은 구글이 공개한 '레벨DB LevelDB'를, 확장성이 큰 블록체인 데이터베이스를 추구하는 빅체인디비 BigchainDB는 '리씽크DB ReThinkDB'를 각각 채용했다. 이와 같은 데이터베이스의 성능이라면 기존의 정보 시스템을 사용하는 분산 데이터베이스의 성능과 비교할 수 있겠지만, 비트코인의 목표는 분산 데이터베이스로서의 효율성이 아니다. 블록체인과 분산 데이터베이스를 비교할 때는 각각의 목적과 특징의 차이에 주의해야 한다.

비트코인을 선구적이라고 하는 것은 서로 신뢰하지 않는 복수의 주체가 서로의 시스템에 접속해도 분산 장부로서의 일관성을 유지할 수 있기 때문이다. 이것은 기존의 분산 데이터베이스에는 없는 특징이기도 하다. 그런데 비트코인 시스템은 발행 총액을 알고리즘대로 유지할 뿐, 분산 데이터베이스처럼 일반적인 데이터의 일관성을 보증하지는 않는다. 블록체인의 경우 과거의 거래는 점차 일관성이 높아지지만, 그 과정에서 버려지는 트랜잭션도 있다. 이 순간순간에는 노드 사이에서 데이터의 불일치가 발생하는 것을 허용하고 있다. 대부분의 블록체인 실용화 과정에서는 복수의 주체가 서로의 컴퓨터에 직접 접속할 수 있는 환경에서 상위층이 조작 방지 및 데이터의 일관성을 담보하는 시스템을 제공하고 있다.

관계형 데이터베이스 관리 시스템Relational DataBase Management System, RDBMS의 세계에서는 TPCtpc.org 등의 단체를 통해 벤치마크 테스트가 가능해지면서 공통의 조건 위에서 다른 제품을 비교해볼 수 있는 환경이 마련되었다. 이것은 SQL 언어(데이터베이스를 구축·활용하기 위해 사용하는 언어) 등의 국제표준이 확립되어 비슷한 작업량Workload을 각각의 다른 제품에서 실행해볼 수 있게 되었기 때문이다. 블록체인을 둘러싼 환경은 아직 이 수준까지 성숙하지 못했다.

하지만 블록체인에도 표준화의 움직임이 일어나고 있다. 국제표준화기구ISO에는 블록체인과 분산원장기술에 관한 기술위원회Blockchain and Distributed Ledger Technologies인 'ISO TC307'이 설립되어 공통 API, 활용 사례, 데이터 일치에 관한 조건 등의 표준화가 진행될 것으로 기대된다. 일본의 경제산업성은 블록체인 기술의 평가지표에 대한 연구회를 만들었다.

블록체인의 미해결 문제

비트코인 XT의 좌절과
블록의 최대 크기 확장의 교착 상태

이런 상황에서 블록체인의 확장성에 대해서 논한다면 실제로 운용 중이며 '비트코인 확장성Scaling Bitcoin' 등의 콘퍼런스에서 확장성이 논의되고 있는 비트코인의 블록체인으로 논점을 좁히는 것이 현실적이라 생각된다.

비트코인은 트랜잭션의 처리량으로만 보면 매초마다 7트랜잭션 정도밖에 처리할 수 없는 빈약한 시스템이다. 하지만 노드의 수, 거래에서 취급하는 금액, 채굴에 동원되는 계산능력, 매일 받고 있는 공격 등의 면에서 보면 세계 최대 규모의 블록체인이라 할 수 있을 것이다. 당초 설계로는 비트코인의 최대 블록의 크기는 36MB였다. 그런데 2010년에 스팸과 디도스 공격Distributed Denial of Service attack, DDoS attack(분산 서비스 거부 공격)에 대한 대책으로 블록의 크기가 현재의 1MB로 작아졌다.

2013년에는 비트코인의 가격이 급등한 '비트코인 버블'로 트랜잭션이 급증했고, 2015년에는 크기가 한계에 가까운 블록이 10분마다 생성되었다(도표 7-1). 이로 인해 비트코인의 처리 능력에 대해 본격적인 문제제기가 시작되었다.

2015년 6월에는 비트코인의 핵심 개발자 중 한 사람인 개빈 안드레센Gavin Andresen이 블록 크기의 확장을 제안했다. 이 제안의 내용은 우선 2016년 1월 11일에 블록의 최대 크기를 8MB까지 확장한 다음 2036년까지 약 2년마다 블록의 크기를 배로 확장한다는 것(BIP-

[도표 7-1] 비트코인 블록 크기의 변화

평균 블록의 크기(단위: MB)

출처: blockchain.info

블록체인의 미해결 문제

0101)이다.

안드레센은 이 제안의 가부를 2012년에 블록의 포맷을 갱신했을 때와 마찬가지로 채굴자의 다수결에 맡겼다. 하지만 안타깝게도 채굴자들의 찬성을 얻지 못했다. 채굴자의 대부분은 중국 내륙부의 네트워크 환경이 좋지 않은 곳에서 채굴을 하고 있기 때문에 블록 크기를 확대할 경우 경쟁에서 불리해질 수도 있다고 생각한 듯하다.

그 후로도 우선 블록의 최대 크기를 두 배인 2MB로 늘리는 제안(BIP-0102), 기술 발전에 따라 블록의 최대 크기를 늘리는 제안(BIP-0103), 동의를 바탕으로 블록의 최대 크기를 동적 제어하는 제안(BIP-0106), 2020년까지는 단계적으로 블록의 최대 크기를 늘리고 그 후로는 60퍼센트 이상의 트랜잭션이 최대 크기가 되는 경우에 10퍼센트씩 블록의 최대 크기를 늘리는 제안(BIP-0107) 등이 나왔지만 채굴자들의 충분한 지지를 얻지 못했다.

동일한 블록에 보다 많은 거래를 저장할 수 있는 세그윗

이와 같은 수많은 시도가 좌절된 요인 중 하나는 블록의 최대 크기 확장을 위한 규칙 변경을 위해서는 전 이용자가 사용하는 소프트웨어의 하드포크Hard Fork(서로 호환되지 않는 업데이트)가 필요하기 때문이다. 그래서 하드포크가 필요하지 않은 블록의 확장 대책으로, 분리된 증거란 뜻의 세그윗Segregated Witness, SegWit이라는 기술이 제안되었다. 세그윗은 블록 크기 문제가 직면한 상황의 돌파구가 될 것으로 기대되고 있다.

기존 비트코인의 사양에서는 트랜잭션의 입출력마다 디지털 서명의 영역ScriptSig/ScriptPubKey이 데이터에 포함되었다. 트랜잭션 데이터에서 디지털 서명의 크기가 차지하는 비율이 높았기 때문에, 이것도 블록의 크기를 압박하는 하나의 원인이 되었다.

세그윗에서는 이 디지털 서명 영역을 트랜잭션에 포함된 각각의 입출력 영역이 아니라 트랜잭션 내의 '증인Witness'이라는 새로운 영역에 배치한다. 이 증인의 도입으로 트랜잭션과 블록 관련 처리에서 디지털 서명 영역을 분리할 수 있게 되었다(도표 7-2).

세그윗을 적용하면 트랜잭션 ID 생성TXID에서 증인을 제외한 영역을 대상으로 할 수 있다. 이것은 트랜잭션의 해시트리 생성 시에 증인의 존재를 고려하지 않는다는 의미다(증인의 해시트리는 별도로 생성하여 블록 내의 다른 영역에 포함시키기 때문에 증인도 해시체인의 일부라는 사실은 변하지 않는다).

그런데 디지털 서명의 영역을 증인으로 분리하는 것만으로는 단순히 데이터의 배치가 바뀔 뿐 블록 전체의 용량은 변하지 않는다. 하지만 증인을 트랜잭션의 해시트리 생성과 분리함으로써 세그윗에 대응하지 않는 이전 버전의 소프트웨어에서는 증인을 제외한 트랜잭션으로 구성된 블록을 수신하고 블록 크기의 계산을 할 수 있다. 즉, 기존과 같은 1MB의 블록에서 디지털 서명이 차지하는 용량을 분리하여 보다 많은 트랜잭션을 블록에 집어넣을 수 있게 된다.

한편 세그윗에 대응하는 새로운 버전의 소프트웨어 간에는 증인을 포함한 새로운 블록에 관한 규칙이 적용 가능하다. 하드포크가 아니라 예전 버전과 새로운 버전의 소프트웨어가 공존하는 소프트포크Soft Fork가 가능해지는 것이다.

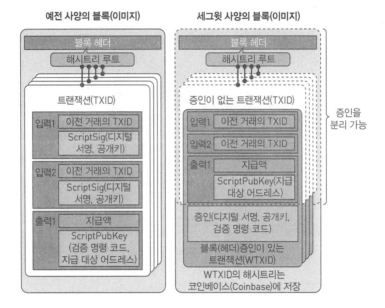

[도표 7-2] 블록에 기록된 트랜잭션 데이터(왼쪽)를 디지털 서명(오른쪽 아래)과 거래 내용(오른쪽 위)으로 분리한다

블록의 압축 효과 이외에도 세그윗을 도입하는 이점이 있다. 이전부터 비트코인의 문제로 지적되었던 트랜잭션의 거래 가변성 Transaction Malleability(실질적인 거래 내용의 변화는 없지만 TXID만 변경하여 새로운 거래를 만들어낼 수 있는 일종의 버그)의 원인은 TXID의 생성 대상에 디지털 서명 영역의 명령 코드ScriptSig/ScriptPubKey가 저장된 영역이 포함된 것이었다. 세그윗의 도입으로 TXID의 생성에서 이 영역을 제외할 수 있게 되었기 때문에 세그윗이 트랜잭션의 거래 가변성의 대책이 될 수 있는 것이다.

블록체인의 미해결 문제

세그윗은 데이터 처리의 부담 경감에도 도움이 된다. 노드 간의 트랜잭션 또는 블록 전송 시에 반드시 디지털 서명의 검증이 필요한 것은 아니다(이미 검증된 과거의 트랜잭션 등). 라이트 노드Lightweight node(모든 블록체인 원본을 가지고 있지 않고 요약본만 가진 노드) 등은 이와 같은 불필요한 부분에 대해서 증인의 전송이나 처리를 제외하고 처리함으로써 부담을 더는 선택이 가능해졌다. 이 외에도 트랜잭션 내의 복수의 디지털 서명을 합쳐서 생성할 수 있는 새로운 디지털 서명의 방식이 제안되는 등 앞으로의 확장이 기대되는 상황이다.

세그윗은 2016년 10월 28일에 출시된 비트코인 0.13.1 버전부터 비트코인 코어에 정식으로 도입되어 BIP-009Version bits with timeout and delay에 규정된 프로세스에 따라 이행 프로세스가 진행된다. 약 2주간(2016블록) 95퍼센트(1916블록) 이상의 블록을 채굴한 노드가 세그윗의 채택을 표명한 단계에서 락인(활성화 확정) 기간에 들어가고, 그로부터 약 2주간(2016블록) 5퍼센트 이상의 이의가 없으면 실제로 소프트포크가 일어나면서 세그윗이 적용된다. 실제로 2017년 8월 9일에 락인 기간에 들어갔고 같은 달 24일부터 세그윗이 적용되었다.

세그윗을 통한 블록의 압축 효과는 수십 퍼센트에서 높아도 3배 정도밖에 되지 않는다. 개선한다고 해도 1초당 30트랜잭션을 넘기 어렵다. 이 수준으로는 앞으로 비트코인에 필요한 확장성을 실현하기 어렵다는 지적도 있다.

세그윗의 적용으로 잠시나마 트랜잭션의 용량에 여유가 생긴다 하더라도 장기적으로 보면 언젠가는 블록의 최대 크기를 수정하거나 네트워크 자체를 계층화할 필요가 생길 것이다. 이런 상황에서 '페이먼트 채널Payment Channel'이나 '라이트닝 네트워크Lightning Network'와 같이 블록체인 밖에서 결제를 하는 오프체인 결제 기술이 주목을 받고 있다.

블록체인의 미해결 문제

계층화로 확장성 문제를
개선하려는 시도의 진전

컴퓨터나 데이터베이스의 성능 향상으로 우리가 쉽게 잊어버리는 사실이 있다. 종이 장부의 확장성은 1초당 거래 1건 미만이었다는 사실이다. 하지만 금융이 지금까지 유지된 것은 신용에 기초한 장부를 분산 관리했기 때문이다. 현대의 일본 엔화 유통에서도 시중은행이 보유한 일본은행의 당좌예금과 개인이나 기업이 각각 시중은행에 맡긴 예금은 다른 장부에서 관리되었다. 제2차 온라인 시스템이 가동되는 1960년대까지는 지점 단위로 예금이 각각 관리되었다.

현재의 블록체인은 하나의 장부에 모든 거래가 기록된다. 이것은 모든 기업과 개인이 일본은행에 당좌예금 계좌를 가지고 있는 상태와 같다. 이것을 일반 결제 시스템처럼 계층화한다면 각 계층의 장부로 거래를 분산할 수 있다. 이렇게 되면 소액 결제의 거래 확정 처리가 간소화되고, 거래 확정에 필요한 시간을 10분 이하로 줄일 수 있다.

오프체인에서 거래를 실현하는 가장 간단한 방법은 이용자가 정해진 금액을 맡기고 그 금액의 범위 안에서 결제하는 것이다. 서버형 전자화폐 또는 비트코인 거래소 내부에서 하고 있는 것과 같은 방식이다. 그런데 여기에는 전자화폐 사업자나 비트코인 거래소가 파산했을 때 환급을 받지 못할 위험이 존재한다. 신뢰짐 없이도 기능하는 비트코인의 장점이 아무런 쓸모도 없어지는 것이다. 그래서 신뢰할 수 있는 제3자를 두지 않고 오프체인 거래를 하는 방법으로 페이먼트 채널이 개설되었다. 빈번하게 거래가 이루어지는 둘 사이에 자유롭게 움직일 수 없는 공탁금을 블록체인상에 넣어두고 그 금액 내에서 오프체인 결제를 실현하는 것이다.

그런데 이 방법의 경우 정해진 거래 상대와는 빠르게 오프체인에서 거래가 가능하지만, 거래 상대의 수만큼 공탁금을 내야 한다. 이 구조를 개선하여 블록체인상에 공탁해둔 금액의 범위 내에서 복수의 상대와 거래할 수 있도록 한 것이 바로 라이트닝 네트워크다. 라이트닝 네트워크에서는 인터넷이 패킷을 라우터 사이에서 오가게 함으로써 네트워크를 구성하는 것과 마찬가지로 거래를 여러 층의 페이먼트 채널 위에서 라우팅하여 복수의 상대와 오프체인에서 결제할 수 있게 만들었다. 페이먼트 채널의 네트워크상에서 이어져만 있다면 오프체인에서 임의의 제3자와 거래를 할 수 있는 것이다.

라이트닝 네트워크에 대해서는 2016년 10월 이탈리아의 밀라노에서 개최된 '비트코인의 확장성' 콘퍼런스에서 어싱크Acinq, 아미코페이Amiko Pay, 펄스Purse.io, 비트퓨리Bitfury, 블록스트림Blockstream, 라이트닝 랩스Lightning Labs라는 6개의 개발 회사가 모여 표준화를 위한 논의를 시작했다. 그 후 세그윗의 적용으로 실제 비트코인의 블록체인(메인넷)에서 이용할 수 있게 되었고, 2017년 12월 6일에 처음으로 어싱크와 블

[표 7-1] 비트코인의 확장성 향상에 관련된 제안의 예

제안 ID	제안일	제목
BIP-0009	2015/10/4	Version bits with timeout and delay
BIP-0101	2015/6/22	Increase maximum block size
BIP-0102	2015/6/23	Block size increase to 2MB
BIP-0103	2015/7/21	Block size following technological growth
BIP-0105	2015/8/21	Consensus based block size retargeting algorithm
BIP-0106	2015/8/24	Dynamically Controlled Bitcoin Block Size Max Cap
BIP-0107	2015/9/11	Dynamic limit on the block size
BIP-0109	2016/1/28	Two million byte size limit with sigop and sighash limits
BIP-0141	2015/12/21	Segregated Witness(Consensus layer)
BIP-0142	2015/12/24	Address Format for Segregated Witness
BIP-0143	2016/1/3	Transaction Signature Verification for Version 0 Witness Program
BIP-0144	2016/1/8	Segregated Witness(Peer Services)
BIP-0145	2016/1/30	getblocktemplate Updates for Segregated Witness
BIP0152	2016/4/27	Compact Block Relay

록스트림과의 사이에서 다른 사업자 간 송금에 성공했다.

라이트닝 네트워크는 결제의 P2P 분산 네트워크를 지향한다. 하지만 실제로 인터넷이 그랬던 것처럼 처음에는 분산 시스템으로 설계되더라도 접속하는 주체가 경로의 수를 억제하면 스타형 네트워크(중앙에 제어장치를 두고 네트워크가 별 모양으로 구성된 네트워크)가 되기 십상이다. 실제로 일본의 결제 시스템에서도 전국은행자금결제네트워크가 중앙청산소Central Counter Party로서 거래를 집약하고 일본은행금융네트워크시스템이 1일 1회의 빈도로 징산함으로써 거래 수를 통제하고 있다.

라이트닝 네트워크는 실용화되었다. 하지만 당초의 계획대로 신뢰할 수 있는 제3자에 의존하지 않는 시스템을 구축할 수 있을까? 라우팅 자체의 오버헤드가 커지지 않을까? 소비자 입장에서 알기 쉬운 서비스를 구축할 수 있을까? 비트코인의 확장성 문제를 해결하기 위한 도전은 이제 막 시작되었다.

블록체인의 미해결 문제

제8장

비트코인이 지닌 의외의 함정

사코 카즈에

NEC 시큐리티 연구소 기술 주간

후루카와 료

NEC 시큐리티 연구소 주임

비트코인의 기반 기술로 사용된 블록체인은 암호기술을 구사하여 보기 드물게 조작이 어려운 시스템을 실현했다. 하지만 암호화폐로서의 비트코인의 안전성을 논하기 위해서는 조작이 어렵다는 관점만으로는 불충분하다. 동일한 코인의 이중 사용이 불가능하다거나 거래 기록의 모순 혹은 서비스 불능을 일으키는 공격이 불가능하다는 등 다양한 관점에서 안전성을 검증해야 한다.

비트코인은 블록체인 기술을 활용한 서비스 가운데 가장 긴 역사를 가지고 있다. 2009년에 시작된 이후 지금까지 프로그램의 버그 이외에 시스템 정지나 데이터의 롤백 등의 문제도 없었다. 하지만 몇몇의 연구 논문에 따르면 비트코인에서는 프로토콜 설계나 구현상의 문제 등으로 부정 지급, 데이터 조작, 시스템 정지 등이 일어나기 쉬운 환경이 조성될 수 있다고 한다.

비트코인에서는 어떤 취약성이 발견되었을까? 이 취약성을 해결할 대책은 제안되었을까? 다양한 블록체인의 안전성을 정량적으로 평가할 방법은 있을까? 여기서는 블록체인의 안전성에 관한 네 가지 최신 이론 연구를 소개하겠다.

작은 계산능력으로 블록체인을 지배하는 이기적 채굴

비트코인이 채택한 합의 알고리즘인 작업증명에서는 악의를 가진 노드의 계산능력이 전체의 50퍼센트 미만이면 블록체인이 지배당하는 일은 없다고 한다. 하지만 계산능력이 50퍼센트보다 작아도 일부 노드가 블록체인의 생성을 제어할 수 있는 방법이 있다. 그 중 하나가 바로 '이기적 채굴Selfish mining'이다.

지금까지 비트코인의 채굴 노드가 블록을 생성할 확률은 노드가 가진 계산능력에 비례한다고 여겨졌다. 그런데 이 노드가 이기적 채굴이라 불리는 전략을 취하면 자신이 가진 계산능력보다 더 높은 확률로 블록 생성에 성공할 수 있다는 사실이 밝혀졌다. 구체적으로 말하자면 전체의 41퍼센트의 계산능력만 있어도 50퍼센트 이상의

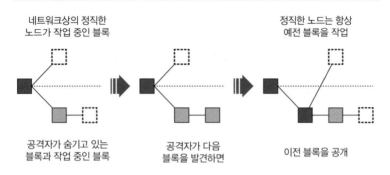

네트워크상의 정직한
노드가 작업 중인 블록

정직한 노드는 항상
예전 블록을 작업

공격자가 숨기고 있는
블록과 작업 중인 블록

공격자가 다음
블록을 발견하면

이전 블록을 공개

확률로 블록을 생성할 수 있다는 사실이 이론적으로 증명되었다[1].

이기적 채굴을 하는 노드는 블록의 채굴에 성공한 다음 바로 네트워크에 알리지 않고 숨겨둔다. 이런 방식으로 다른 채굴 노드가 이전 블록을 채굴하는 사이에 자신은 다음 블록을 채굴할 수 있다. 운좋게 연속해서 블록을 채굴하면 감추고 있던 이전 블록을 채굴한 사실을 알린다. 다른 사람들이 다음 블록의 채굴에 여념이 없을 때 다음다음 블록을 채굴하는 것이다. 이런 방식으로 자신이 가진 체인을 길게 연결하는 것이 가능하다(도표 8-1).

이 전략을 취하면 채굴 노드가 전체의 약 33퍼센트 이상의 계산 능력을 가진 경우 실질적으로는 그 이상의 확률로 블록을 생성할 수 있기 때문에 41퍼센트를 가진 노드는 50퍼센트 이상의 확률로 블록을 생성할 수 있다.

현 시점에서 이기적 채굴에 대한 효과적인 대책은 아직 마련되

블록체인의 미해결 문제

지 않았다. 블록체인을 지배하는 데 필요한 계산능력의 비율은 과반수가 아니라 더 낮은 수치라는 사실을 인식할 필요가 있다.

패스트 페이먼트에서 일어나는 비트코인의 이중 사용 공격과 그 대책

비트코인에서는 송신한 트랜잭션(거래 기록)이 블록에 저장되면 비트코인 네트워크(블록체인)에서 지급이 승인된다. 승인은 거래 기록의 송신으로부터 평균 10분 정도 걸리도록 설계되어 있다.

블록이 분기된 블록이 아니라 정당한 블록이라는 사실을 확인하기 위해서는 보통 트랜잭션이 기록된 블록 다음에 5개 이상의 블록이 연결될 때까지 기다려야 한다. 이 경우 지급이 완료되기까지 약 1시간 정도의 시간이 걸린다. 하지만 일반 점포에서 계산을 할 때는 1시간은커녕 10분도 고객을 기다리게 할 수 없다. 그래서 패스트 페이먼트Fast payment라 불리는 거래를 실시하는 곳이 생겼다. 이 방식에서는 점포가 트랜잭션을 수신하고 서명의 검증과 지불에 사용된 코인

블록체인의 미해결 문제

의 미사용을 확인하는 시점에 지불이 완료되었다고 간주한다.

　여기에서는 이 패스트 페이먼트의 취약성을 이용한 구체적인 공격 방법[2]에 대해 소개하고자 한다.

　지불하는 측은 먼저 패스트 페이먼트가 가능한 점포에서 코인 UTXO(미사용 거래 출력)을 이용(송금)한 다음 다른 곳(지인의 계좌나 자신의 다른 계좌)으로 같은 코인을 송금하고 점포가 확인한 거래를 무효화한다. 패스트 페이먼트가 이용 가능한 점포에서 제품이나 서비스를 제공받은 후 다른 목적으로 같은 코인을 이용한다는 의미에서 '이중 사용 공격'의 한 종류라 할 수 있다. 트랜잭션을 전달하는 비트코인 프로토콜의 특징 때문에 이 공격은 성공 확률이 높다고 평가된다.

　이 공격이 성립되기 위해서는 두 가지 전제조건이 필요하다. 첫 번째는 공격자(지불하는 사람)가 점포에 직접 거래를 송신할 수 있어야 한다. 두 번째는 비트코인 네트워크에 '헬퍼 노드'라 불리는 공격을 도와주는 노드가 존재해야 한다.

　공격자 노드는 점포에 트랜잭션 'Tv'를 송신한 후 같은 코인UTXO을 사용한 다른 트랜잭션 'Ta'를 헬퍼 노드에게 송신한다. 헬퍼 노드는 점포의 근접 노드가 아닌 노드군에 이 두 번째 트랜잭션 'Ta'를 송신하여 네트워크에 먼저 정보를 확산한다. 이렇게 하면 두 번째 트랜잭션 'Ta'를 먼저 수신한 노드는 그 후에 처리된 트랜잭션 'Tv'를 부정하게 이용된 트랜잭션으로 간주하고 무효화한다. 결과적으로 'Tv'는 네트워크에서 확산되지 않는다. 그 결과, 점포에서 처리된 트랜잭션

'Tv'보다 나중에 처리된 트랜잭션 'Ta'가 블록에 기록될 확률이 높아져 점포의 트랜잭션은 무효가 된다(도표 8-2).

이 공격의 무서운 점은 점포가 손해를 입을 뿐만 아니라 이와 같은 부정 이용이 다른 네트워크 노드에서 검출되지 않는다는 것이다.

현재 비트코인의 사양에서는 'Ta'와 'Tv'의 양쪽 데이터를 모두 수신할 수 있는 노드의 수가 한정되어 있다. 'Ta'를 먼저 수신한 노드는 'Tv'를 파기하고, 'Tv'를 먼저 수신한 노드는 'Ta'를 파기하기 때문에 파기된 데이터는 그 다음 노드로 확산되지 않는나. 그래서 대부분의 노드는 이중 거래의 증거를 발견하지 못한다.

부정 거래의 존재는 코인 소유자 계정의 부정행위를 입증하는 유력한 증거이기 때문에 확산시켜 평판 관리에 활용하는 것이 바람

[도표 8-2] 헬퍼 노드를 이용한 이중 사용 공격

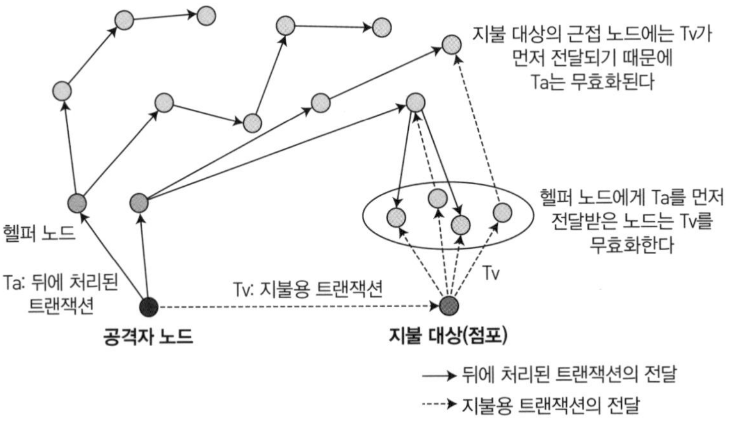

지불 대상의 근접 노드에는 Tv가 먼저 전달되기 때문에 Ta는 무효화된다

헬퍼 노드에게 Ta를 먼저 전달받은 노드는 Tv를 무효화한다

헬퍼 노드

Ta: 뒤에 처리된 트랜잭션

Tv: 지불용 트랜잭션

Tv

공격자 노드

지불 대상(점포)

⟶ 뒤에 처리된 트랜잭션의 전달
┄┄▶ 지불용 트랜잭션의 전달

블록체인의 미해결 문제

직하다. 실제로 비트코인 XT_{Bitcoin XT} (비트코인의 핵심 개발자인 개빈 안드레센 등이 개발하여 블록 크기 확장을 통한 확장성 향상 등이 이루어졌다)에서는 이중 거래가 된 부정 트랜잭션도 확산시켜 소유자의 평판 관리에 활용할 수 있도록 사양이 수정되었다. 이때 모든 트랜잭션을 전송해버리면 대량의 트랜잭션을 네트워크에 흘려보내 마비시키는 DoS 공격 Denial of Service attack(서비스 거부 공격)을 할 수 있다. 비트코인 XT에서는 하나의 UTXO를 사용하는 트랜잭션 1개당 두 개까지만 전송이 가능하도록 만들어 이 공격의 위험을 피하고 있다.

단, 비트코인 XT는 블록 크기의 확대를 둘러싼 채굴자 간의 의견 대립 때문에 현 시점에서는 비트코인의 사양에는 맞지 않는다. 그렇기 때문에 비트코인 시스템에서 패스트 페이먼트를 통한 점포 결제를 실행할 경우는 점포가 이런 이중 거래의 위험을 감수할 수밖에 없는 상황이다.

비트코인에 대한 DoS 공격과 그 대책

트랜잭션과 블록을 전달하는 비트코인의 프로토콜을 악용하여 특정 노드에 정당한 정보가 전해지는 것을 지연시키는 것이 가능하다는 사실이 보고되었다. 시스템 전체의 정보전달을 지연시킬 수 있다면 시스템을 정지시키거나 이중 지불과 같은 부정행위를 일으킬 가능성이 있다[3].

비트코인에서 트랜잭션이나 블록을 확산시킬 때 노드는 먼저 데이터가 아니라 '인벤토리inventory 메시지'라 불리는 해시값을 송신한다. 인벤토리 메시지를 수신한 노드는 이 해시값을 모를 경우에 송신한 노드에게 데이터 본체 내용을 요청한다. 이런 방식으로 트랜잭션과 블록이 네트워크에서 퍼져나간다(도표 8-3). 이 인벤토리 메시지를 악

블록체인의 미해결 문제

용하면 정보의 전달 지연이 가능해진다.

공격은 블록과 트랜잭션의 전송 프로토콜 양쪽 모두에 가능하다(도표 8-4).

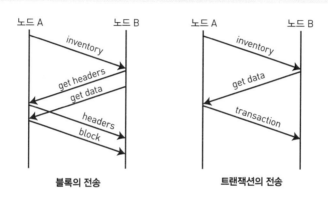

[도표 8-3] 노드 간의 정보 전달 구조

블록의 전송

트랜잭션의 전송

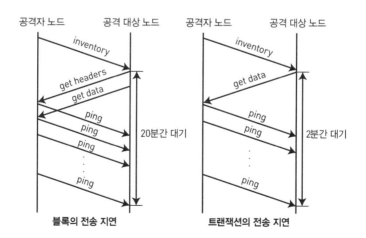

[도표 8-4] 정보 전달에 지연이 발생하는 구조

블록의 전송 지연

트랜잭션의 전송 지연

공격자 노드는 공격 대상이 되는 노드에 인벤토리 메시지를 송신한 다음 이 노드로부터 블록 헤더 및 블록 데이터의 요청이 와도 '핑ping(특정 IP 주소에 패킷을 보내 접속 여부를 확인하는 응용 프로그램)'만 전송하면서 타임아웃까지의 시간(20분) 동안 타깃 노드의 기능을 점유하는 방식으로 블록의 전달을 지연시킬 수 있다. 비트코인에서는 노드의 접속 상한이 126개이지만 일반적으로 20개 정도밖에 사용하지 않기 때문에 타깃 노드의 사용하지 않는 접속을 점유함으로써 연속적으로 타깃 노드의 자원을 제한할 수 있다.

트랜잭션의 전달 프로토콜에서도 공격자 노드는 인벤토리 메시지를 송신한 다음 블록과 마찬가지로 노드의 요청에 핑만 계속 전송하면서 타임아웃까지의 시간(2분) 동안 트랜잭션의 전달을 지연시킬 수 있다. 또한 트랜잭션의 인벤토리 메시지는 큐Queue에서 관리하기 때문에 이 큐를 점유하면 타임아웃 후에도 공격자 노드에게 요청을 보내도록 만들 수 있다. 이로써 임의의 시간 동안 트랜잭션이 전달되지 않도록 제어하는 것이 가능하다.

블록이나 트랜잭션의 전달 지연이 무서운 것은 다른 공격과 함께 이용하면 효과가 더 커진다는 점이다. 이기적 채굴과 같이 이용하면 보다 적은 계산능력으로도 블록체인의 실질적인 지배가 가능하다. 구체적으로는 34퍼센트 이상의 계산능력을 가진다면 실질적으로는 50퍼센트 이상의 능력을 가진 것이 되기 때문에 블록체인을 지배할 수 있다.

블록체인의 미해결 문제

그리고 트랜잭션의 전달을 무한정 지연시킬 수 있기 때문에 이중 사용 공격이 간단해진다. 또한 모든 노드에 공격을 가함으로써 비트코인 서비스를 마비시키는 것도 가능할 것이다. 이 공격은 20분 동안 600KB의 메시지를 송신할 컴퓨터의 능력만 있으면 가능하다고 알려져 있다.

비트코인 개발자들 사이에서는 이런 공격에 대한 몇 가지 대책이 제안되었다. 인벤토리 메시지를 이용하지 않고 블록 헤더를 송신하도록 프로토콜을 변경하는 방법, 트랜잭션의 송신처를 IP 주소로 거르거나 송신처를 큐에서 관리하지 않고 무작위로 선택하는 방법 등이다. 전자는 실제 'BIP-130'으로 제안되어 비트코인 0.12.0 버전에 적용되었다.

블록체인의
안전성 평가 연구에 대한 기대

수많은 암호 프로토콜은 프로토콜 자체의 이론적인 안전성이 보장된다 하더라도 구현 방법이나 작동 환경에 따라 안전성이 훼손되는 경우가 있다. 단, 비트코인의 경우는 아직 그 이전의 단계라 할 수 있다. 어떤 조건이 충족되어야 안전하다고 할 수 있는지와 같은 평가 지표조차 아직 연구 중인 상황이다. 이러한 연구 중 작업증명을 사용하는 블록체인에 대해 흥미로운 프로토콜 해석을 실시한 연구가 있어서 소개하고자 한다[4].

이 논문에서 평가 대상이 된 해시체인의 구성 방법은 엄밀히 말하면 비트코인의 해시체인과는 다른 방식이지만, 블록체인의 바람직한 성질로 'Common Prefix property'와 'Chain Quality property'

라는 평가축을 둔 점, 그리고 이것을 '작업증명에 성공할 확률'로 분석할 수 있다는 점을 제시한 사실이 아주 흥미롭다.

작업증명형 블록체인에서 프로토콜대로 따르는 정직한 채굴자가 작업증명에 성공할 확률 α와 프로토콜에 따르지 않는 악의를 가진 채굴자가 작업증명에 성공할 확률 β가 주어졌다고 해보자. 이 논문에 따르면 특정 조건을 충족시킬 때, 이 블록체인이 블록의 분기(포크)를 일으키지 않는 확률Common Prefix property과 블록체인에 정직한 채굴자가 생성한 블록이 연결될 확률Chain Quality property을 구체적으로 평가할 수 있다고 한다. 즉 악의를 가진 채굴자가 블록 생성에 성공할 확률이 블록체인의 바람직한 성질에 얼마나 영향을 끼칠지 정량적으로 보여줄 수 있다는 것이다.

이기적 채굴에서 방증된 것처럼 악의를 가진 채굴자가 작업증명에 성공할 확률 β가 1/3 이상으로 높을 때 블록체인에 정직한 채굴자가 생성한 블록이 연결될 확률이 낮다는 결과가 도출된다. 이것은 당연한 결과처럼 느껴질 수도 있지만, 이와 같은 수리 모델로 증명했다는 것은 아주 획기적인 성과라 할 수 있다.

사양이나 소스가 공개되어 실제로 활용되는 비트코인도 주의 깊게 분석해보면 통신이나 데이터 관리의 세세한 부분에서 보안의 취약성이 드러나 공격의 대상이 될 수 있다는 사실을 알 수 있다. 앞으로도 블록체인의 취약성과 안전성에 대한 연구가 진행되어 이상적인 프로토콜 구축으로 이어지길 바란다.

제9장

블록체인의 가장 큰 문제, 키의 관리

사토 마사시

세콤 주식회사 IS 연구소 커뮤니케이션 플랫폼
디비전 암호·인증 기반 그룹 주임연구원

비트코인을 비롯한 여러 블록체인의 특징 중 하나로 가상화폐 또는 암호화폐라 불리는 가치의 교환이 가능하다는 점을 들 수 있다. 암호화폐는 각각의 블록체인에서 독자적인 발행 규칙과 단위 등이 결정된다. 암호화폐라는 말에서도 알 수 있듯이 블록체인 시스템은 디지털 서명과 해시함수 등 암호와 관련된 기술을 기반으로 구축되어 있다. 주요 블록체인에서는 다음과 같은 곳에서 암호 또는 해시함수가 사용된다.

- 트랜잭션에 대한 디지털 서명: 공개키 암호 기술
- 이용자(의 공개키)나 트랜잭션을 식별하기 위한 ID 생성: 해시함수
- 트랜잭션의 해시트리 생성: 해시함수
- 블록의 해시체인 생성: 해시함수

이 이외에 이용자의 서명키를 관리하는 지갑wallet의 보호에도 암호기술이 사용된다. 암호기술을 이용해서 트랜잭션과 블록을 보호하는 접근제어 기능을 갖추기도 한다.

이처럼 암호기술은 블록체인에 없어서는 안 될 중요한 기술이다. 그런데 블록체인을 '운용 주체 없이 관리자가 다른 복수의 노드에 의해 구축되

는 것'으로 정의한다면 암호기술 특유의 키 관리와 암호 알고리즘 이행移行

이라는 문제에 대해서도 블록체인의 관점에서 고찰할 필요가 있다.

암호기술의 논점

암호기술을 적절하게 사용하기 위해서는 일반적으로 다음과 같은 논점을 살펴봐야 한다.

① 안전한 암호 방식(암호의 연산 방법)인가

② 안전한 파라미터(암호 연산의 전제가 되는 설정 파라미터와 키의 길이)인가

③ 안전한 암호 통신 프로토콜(암호를 사용한 키 교환과 메시지 전송 등의 설계)인가

④ ①에서 ③이 소프트웨어나 하드웨어에서 적절하게 구현되었는가

⑤ 암호에 사용한 키(디지털 서명의 서명키, 암호나 부호에 사용된 공통키 등)가 적절하게 보호되고 있는가

블록체인의 미해결 문제

이 가운데 ①부터 ③은 암호의 이론과 설계의 문제이기 때문에 학계나 표준화 단체와 같은 암호 분야의 전문가들의 안전성 평가가 중요하다. 암호의 해독, 디지털 서명의 위조 수법에 대해서는 지금도 연구가 진행 중이다. 계산량적 안전성에 기반을 둔 현대의 암호는 컴퓨터 성능의 향상이나 양자컴퓨터의 실용화 등 외적인 환경 때문에 안전성이 훼손될 가능성이 있다.

그렇기 때문에 어떤 암호 방식(알고리즘, 파라미터, 키의 길이 등)을 채택할지는 시대의 상황에 맞게 적절하게 판단해야 한다. 현재의 암호 기술에서는 암호 알고리즘이나 파라미터에 따라 키의 유효기간과 이행기간을 결정하는 운용 방식이 일반적이다. 암호의 안전성에 관한 정보로는 일본의 'CRYPTREC Cryptography Research and Evaluation Committees 암호 리스트[1]', 미국의 'NIST SP800-57 Recommendation for Key Management[2]' 등이 참고가 될 것이다. 그리고 암호 통신 프로토콜 평가에 관한 컨소시엄으로는 CELLOS가 설립되어 있다.

이야기가 잠시 샛길로 새는 것 같지만, 양자컴퓨터와 암호 해독에 대해서는 여러 정보가 뒤섞인 채 논의가 이루어지는 것처럼 보인다. 이 점에는 주의가 필요하다.

양자컴퓨터에 대해서 말하자면, 2010년에 캐나다의 디웨이브 시스템 D-Wave systems이 세계 최초로 상용 양자컴퓨터를 발표했고, 2017년 1월에는 '디웨이브 2000Q D-Wave 2000Q'로 2048양자비트(큐비트)를 달성했다는 보도가 전 세계의 주목을 받았다. 이런 보도를 배경으로 다양한 상황에서 양자컴퓨터가 세상에 미칠 영향에 대한 이야기들이 쏟아져 나왔다. '디웨이브'와 같은 양자컴퓨터의 등장으로 마치 이 세상의 주요 암호가 바로 해독될 것과 같은 분위기도 만들어졌지만, 이 점에 대해서는 냉정하게 바라볼 필요가 있다.

디웨이브 시스템의 양자컴퓨터는 양자 어닐링Quantum annealing이라 불리는 방식으로 일부의 최적화 문제나 기계학습에는 효과적으로 이용이 가능하지만 암호 해독의 위협에 직결된다고는 생각하기 어렵다. 소인수분해와 이신대수 문제 등 암호 해독에 관련된 것은 양자 게이트를 조합한 이른바 범용 양자컴퓨터의 분야다. 양자 게이트를 조합한 범용 양자컴퓨터 분야에서는 소인수분해를 효율적으로 계산하는 쇼어Shor의 알고리즘이 발견되어 짧은 시간 내에 소인수분해가 가능해졌다.

범용 양자컴퓨터는 현재 다양한 기업과 연구기관에서 연구가 진행 중이며, 2017년 7월에는 IBM이 16양자비트의 양자컴퓨터IBM Q를 일반에 공개했다는 뉴스가 나왔다. 앞으로는 범용 양자컴퓨터의 연구와 함께 양자컴퓨터를 이용한 암호 해독 방법에 대한 연구도 필요할 것이다. 이와 같은 동향을 파악한 다음 깊이 있는 논의를 이어가야 한다.

실제 기술 구현과 운용의 문제

　계속해서 ④는 실제 기술이 적용되었을 때의 문제다. 아무리 암호 방식과 프로토콜을 적절하게 선택한다 해도 소프트웨어나 하드웨어에서 제대로 구현되지 않으면 암호가 풀리거나 디지털 서명이 위조되는 문제가 발생할 수 있다. SSL/TLS 프로토콜의 오픈소스로 개발·제공되는 소프트웨어인 오픈SSL_{OpenSSL}에서는 데이터 길이의 확인이 불충분해서 취약성이 드러나기도 했다[3].

　서명이나 암호의 키를 생성할 때 필요한 난수에도 주의해야 한다. 난수에 편향이 있으면 이런 난수의 특징을 이용하여 타자의 키를 불법적으로 복제하는 공격도 가능할 수 있기 때문이다. 구현에 대한 평가방법으로는 공통평가기준_{Common Criteria, CC}인 ISO/IEC 15408에 따른 인증제도, 암호모듈검증제도_{Cryptographic Module Validation Program, CMVP} /
JCMVP 등이 있다.

⑤는 암호키의 운용 문제다. 적절한 암호 방식을 제대로 구현한 소프트웨어나 하드웨어를 이용한다 하더라도 이용자나 관리자가 암호키의 관리를 소홀히 한다면 아무런 의미가 없다. 창문과 벽을 아주 튼튼하게 만들어 보안에 만전을 기한 집을 지어놓고 소중한 집 열쇠를 누구라도 쓸 수 있게 바깥의 우편함에 숨겨두는 것과 같은 상황이라 할 수 있다.

공격자의 입장에서 보면 암호 방식이나 구현 과정의 취약성을 이용하여 공격에 성공하기 위해서는 전문적인 지식이나 환경 구축 등 고도의 기술과 비용이 필요하기 때문에 관리 소홀을 틈타 암호키를 탈취하는 편이 더 쉽다고 할 수 있다. 실제로 비트코인에서는 멀웨어를 이용한 도난이 적지 않게 발생한다. 일반적으로는 암호기술 그 자체에 관심을 두는 경우가 많지만, 사실 운용상의 암호키 관리가 아주 중요하다고 할 수 있다.

여기까지의 내용은 일반적인 암호 이용에 관한 것이지만 블록체인에서도 예외 없이 적용이 가능하다. 시스템상 암호기술에 대한 의존도가 높은 블록체인은 암호기술에 더 큰 관심을 기울여야 한다. 사회적 인프라를 목표로 한다면 암호의 이행 과정 등 중장기적인 관점에서의 검토도 필요할 것이다.

제9장에서는 블록체인 관련 암호기술의 이용 및 운용에 초점을

블록체인의 미해결 문제

맞춰 서명키의 관리 문제에 대해서 기본적인 내용을 정리할 것이다. 그리고 이 문제는 블록체인 이외의 분야에서 논의되어온 부분과도 관련이 있기 때문에 이 관련 정보도 소개할 것이다. 향후 블록체인에 관한 문제를 고찰할 때 적지 않은 도움이 될 것이다.

블록체인의 디지털 서명이란

블록체인에서 이용하는 디지털 서명 관리의 중요성을 알기 위해서는 우선 '디지털 서명의 의의'에 대해서 생각해봐야 한다.

가장 널리 사용되는 디지털 서명 시스템은 공개키기반구조Public Key Infrastructure, PKI를 이용한 디지털 서명 시스템이다. 디지털 서명이라는 말을 들으면 PKI와 같은 모델을 떠올리는 독자도 많을 것이다. 블록체인이든 PKI든 디지털 서명이 공개키 암호기술을 기반으로 한다는 사실에는 틀림이 없다[4].

기본적인 구조에 대해서 간단하게 설명하자면 다음과 같다. 데이터의 서명자(송신자)가 서명키를 사용하여 서명 데이터를 생성하고 검증자(수신자)에게 송신한다. 검증자는 서명자의 검증키로 서명 데이

블록체인의 미해결 문제

터를 검증하여 서명 데이터가 서명자에 의해 생성되었다는 사실을 확인한다. 핵심은 데이터의 생성이 서명키를 가진 본인이 아니면 불가능하다는 점이다.

PKI의 디지털 서명 분야에는 서명키의 관리 문제 등 과거부터 이어져온 논의가 다수 축적되어 있다. 이 논의 가운데는 블록체인의 디지털 서명에 관한 문제를 고찰하는 데 도움이 되는 부분도 있다. 하지만 블록체인은 탈중앙화된 시스템으로 신뢰할 수 있는 제3자 기관의 존재를 전제로 하는 PKI 모델과는 전제가 다르다. 이 차이를 염두에 두고 논의를 전개해야 한다.

그렇다면 블록체인의 디지털 서명이 의미하는 것은 무엇일까? 현재 비트코인이나 이더리움과 같은 주류 블록체인의 디지털 서명은 트랜잭션 수신 시에 해당 트랜잭션이 실행되어야 하는지 아닌지를 확인하는 수단, 즉 트랜잭션의 검증 수단으로 기능하는 것이 가장 큰 역할이다.

트랜잭션에 대한 디지털 서명의 검증에는 트랜잭션 생성자(키)에 대한 확인과 타자에 의한 트랜잭션 내용의 변경 여부에 대한 확인이 있다. 이 두 가지는 일반적인 디지털 서명과 동일하다고 할 수 있다. 그런데 블록체인에서는 이 두 가지와 함께 트랜잭션 생성자(키)가 트랜잭션에서 지정된 암호화폐 등을 사용할 수 있는 자(키)인지 아닌지도 확인한다.

블록체인의 서명키는 '자산'과 직결된다

이상에서 살펴본 디지털 서명의 검증에서는 키의 소유자가 누구인지에 대해서는 관여하지 않는다. 그래서 사람이 아니라 키로 식별된다. 이처럼 키의 사용으로 암호화폐와 같은 자산의 이전이 실행된다는 점, 네트워크상에서 트랜잭션 생성자는 키 또는 키와 연결된 다른 식별자Identifier로 식별된다는 점을 생각하면 블록체인의 디지털 서명에 사용되는 서명키는 사람보다는 오히려 자산과 깊이 관련되어있다는 사실을 알 수 있다. 그렇기 때문에 블록체인에서 서명키는 꼭안전하게 지켜야 하는 자산 그 자체라 할 수 있다.

한편 PKI의 디지털 서명은 사용자, 서버, 디바이스 인증Authentication의 용도, 계약서에 대한 동의나 부인 방지Non-repudiation(계쟁 등 사후에도 진정성을 증명할 수 있는 수단)의 용도로 사용된다. 특히 부인 방지의 용도로 쓰이는 디지털 서명은 일본과 EU에서 전자서명Electronic Signature으로 불리며 전자서명법이 시행되고 있다(EU에서는 eIDAS 규제로 이행). PKI의 디지털 서명의 용도에서도 공통되는 것은 사용자, 서버, 디바이스 등과 같은 대상과 서명키의 연관성이다. 이 연관성을 담보하는 기관으로는 인증기관Certificate Authority, CA이 있다.

정리해보면 블록체인에서 서명키는 자산을 나타내며, PKI의 디지털 서명에서 서명키는 사용자, 서버, 디바이스 등의 대상을 나타낸다고 할 수 있다. 물론 PKI의 인증기관이 블록체인의 서명키와 소유자와의 연관성도 담보함으로써 병용하여 운용하는 것도 가능하겠지만, 이 시스템은 블록체인 밖에서 이루어지는 것이므로 여기서는 비트코인의 블록체인이 직접 제공하는 기능만 가지고 비교했다.

PKI는 효력 정지로 키를 무효화한다

서명키 효력 정지 기능의 유무도 블록체인의 디지털 서명과 PKI 의 디지털 서명의 다른 점이라 할 수 있다. PKI의 디지털 서명의 경우 는 사용자, 서버, 디바이스 등의 대상과 서명키의 결합을 효력 정지 처리하여 무효화할 수 있다.

만약 서명키에 포함된 파일이 유출되거나 서명키가 저장된 IC 카 드 등의 분실 또는 도난이 발생하면 다른 사람에 의한 부정 이용을 방지하기 위해 효력 정지 처리로 서명키의 이용을 정지시킨다.

효력 정지 처리를 하려면 인증기관에 서명키의 소유자(서버, 디바 이스의 경우는 관리자 등)가 효력 정지 신청을 해야 한다. 효력 정지 신청 을 받은 인증기관은 해당 서명키(에 대응하는 증명서)를 효력 정지 리스트에 기재하여 공개한다.

디지털 서명의 검증에서는 효력 정지 리스트를 참조하여 그곳에 기재된 서명키가 사용된 경우에는 디지털 서명이 효력이 없다고 판단한다. 효력 정지 처리된 서명키는 사용할 수 없기 때문에 새로운 서명키를 만들고 대상과 다시 연결시켜야 한다(증명서의 재발행). 이처럼 효력 정지 기능이 가능한 것은 인증기관이 서명키와 소유자의 대응관계를 파악하고 있기 때문이다.

블록체인에는 효력 정지 기능이 없다

한편 비트코인 등에 사용된 블록체인은 서명키의 효력 정지 기능을 갖추고 있지 않다. 제3자 기관이 배제된 메커니즘이기 때문에 효력 정지 절차를 수리하는 기관이 존재하지 않는다는 점도 이유로 들 수 있다. 효력 정지 처리를 하기 위해서는 효력 정지 신청을 한 자가 해당 서명키의 소유자인지 아닌지를 어떤 형태로든 확인해야만 한다.

비트코인과 같은 블록체인에서는 이용자를 관리하는 주체가 없고 서명키는 이용자가 자유롭게 생성할 수 있기 때문에 효력 정지 신청이 정당한지 아닌지를 판단하기 어렵다(서명키를 생성한 본인만 알 수 있다). 그리고 서명키를 입수한 자는 누구든 트랜잭션을 실행할 수 있

블록체인의 미해결 문제

다. 일단 트랜잭션이 실행되면 나중에 그 사실을 뒤집는 것은 거의 불가능에 가깝다. 즉 서명키가 불법적으로 사용되기 전에도, 사용되고 나서도 막을 방법이 없다.

블록체인 시스템에서 서명키의 사용 횟수 제한을 설정하거나 서명키의 사용 가능 기간을 제한하는 등의 대책도 생각해볼 수 있다. 하지만 이런 방법은 서명키의 부정 사용에 대한 위험 경감일 뿐 즉시 이용 정지를 위한 효력 정지 처리를 대체할 수 있는 것은 아니다. 만일 서명키의 유출이 의심된다면 서명키가 불법적으로 사용되기 전에 직접 새로운 서명키를 생성하여 자산을 보호해야 한다.

이상에서는 PKI의 디지털 서명과의 비교를 통해 블록체인의 디지털 서명의 의미와 특징에 대해 살펴봤다. 결론적으로 블록체인의 서명키는 자산에 직결되기 때문에 유출 시의 영향이 아주 크며 사후 대응도 굉장히 어렵다. 그렇기 때문에 서명키의 관리에는 한층 더 신중을 기해야 한다.

다음으로는 블록체인의 서명키 관리 방법을 정리하고 마지막으로 비트코인이 도입한 다중서명Multi Signature에 대해서 소개하겠다.

블록체인의 키 관리 형태

비트코인을 참고해서 블록체인 서명키의 관리 형태에 대해 정리해보겠다. 서명키의 관리 형태는 다음의 세 가지로 분류할 수 있다.

① 소프트웨어에 의한 관리

② 디바이스에 의한 관리

③ 서비스에 의한 관리(온라인 지갑)

이 외의 형태로 종이에 인쇄하는 페이퍼 월렛도 있다.

소프트웨어에 의한 관리

먼저 ①의 소프트웨어에 의한 관리에서는 서명키를 보호하기 위해 암호화하여 파일 형태로 저장 장치(HDD, SSD 등)에 보존하는 것이 일반적이다. 서명키를 사용할 때는 비밀번호 등을 입력하여 암호화된 서명키를 복호화한다.

복수의 단말기에 복사하여 사용할 수 있는 편의성이 있지만 서명키의 도난에는 주의해야 한다. 멀웨어의 감염으로 단말기를 실행할 때 메모리 내에서 서명키가 유출될 위험성, 서명키를 포함한 파일이 유출될 위험성 등이 존재하기 때문이다. 서명키가 비밀번호로 보호(암호화)되고 있다 하더라도 공격자가 이 파일을 취득한다면 사전 공격Dictionary attack(사전파일 무작위 대입 공격) 등을 통해 비밀번호를 해독할

수도 있으며, 키로거Keylogger와 같은 멀웨어를 이용해서 비밀번호를 알

아낼 수도 있다.

블록체인의 미해결 문제

디바이스에 의한 관리

다음은 ②디바이스에 의한 관리다. 암호키는 암호화폐의 지불 등 트랜잭션을 생성할 때 필요하며, 그 이외의 트랜잭션 수신 등에서는 사용하지 않는다. 그래서 서명키를 전용 디바이스에 저장하고 트랜잭션 생성 시에만 사용함으로써 서명키를 항시 멀웨어 등의 위험에서 지키려는 방법도 제안되었다.

비트코인의 지갑 플랫폼 아모리ARMORY(https://bitcoinarmory.com)는 비트코인의 네트워크에 접속하는 온라인용 PC와 서명키를 저장하는 오프라인용 PC로 분할해서 관리할 수 있다. 온라인용 PC에서 만든 트랜잭션의 원본 데이터를 오프라인용 PC에 전송하여 디지털 서명을 한다. 온라인용 PC와 오프라인용 PC 간의 트랜잭션 데이터의 이동에는 USB키를 이용한다. 아모리의 시스템을 응용한 피 월렛Pi-Wallet(http://www.pi-wallet.com, 현재 사용 불가능)처럼 서명키를 관리하는 전용 디바이스도 있다. 이런 디바이스를 이용하면 오프라인용 PC를 준비하지 않아도 된다.

　디지털 서명에 사용하는 전용 디바이스 내의 안전한 영역에서 서명키를 생성하고 서명키의 라이프사이클 동안 서명키를 이 영역 밖으로 꺼내지 않는 시스템(백업 제외)이라면 보다 안전할 것이다. 이를 실현하는 디바이스로는 레지 나노Ledger Nano(http://ledgerwallet.com) 등이 있다.

서비스에 의한 관리

①과 ②는 이용자 본인이 서명키를 관리하는 형태지만, 서명키의 관리를 제3자인 서비스에 맡기는 형태도 있다. 바로 ③서비스에 의한 관리(온라인 지갑)다. 이용자는 온라인 지갑 서비스에 자신의 서명키를 맡기고 트랜잭션을 생성하기 위해 서명키가 필요할 때마다 온라인 지갑에 접속한다.

이때는 타인의 서명키를 사용하지 않도록 온라인 지갑 측에서 제공하는 이용자 인증 수단(ID, 비밀번호 등)을 통해 접속한다. 이용자가 온라인 지갑을 이용하면 서명키의 관리 자체에서는 해방되겠지만, 그 대신 온라인 지갑에 접속할 때 필요한 인증 수단인 ID와 비밀번호 등에 주의를 기울여야 한다.

온라인 지갑 서비스 자체의 보안에 구멍이 있는 경우에는 이 구멍에서 서명키가 유출될 가능성과 타자의 부정 사용의 위험도 존재한다. 이용자 인증 수단이나 요청 송수신 프로토콜 등의 서비스 인터페이스에 문제가 있는 경우, 서비스의 백엔드 시스템에 문제가 있는 경우 등이다.

최악의 경우로 온라인 지갑의 서비스 관리자가 보관 중인 서명키를 부정 사용하는 사태도 없을 것이라고 장담할 수 없다. 관리자는 온라인 지갑의 서비스 제공자로서 책임감을 가지고 이용자의 서명키를 적절하게 관리하는 동시에 본인 이외의 이용자가 사용할 수 없도록 철저한 대책을 마련해야 한다.

블록체인의 미해결 문제

키의 백업

암호화폐 거래소는 이용자의 서명키를 직접 보관하는 형태는 아니지만 고객의 자산인 서명키를 안전하게 관리한다는 점에서 동일한 과제가 있다고 할 수 있다. 이용자의 서명키를 관리하는 서비스는 블록체인뿐만 아니라 PKI의 디지털 서명 분야에서도 논의가 진행되고 있다.

비트코인과 같은 블록체인의 서명키는 잃어버리면 서명키에 연결된 암호화폐 등의 자산도 사용할 수 없게 된다(자산도 함께 사라진다). 그렇기 때문에 모든 관리에서는 서명키를 잃어버릴 경우에 대비하여 서명키를 백업하고 싶다는 요구가 있을 것이다.

이때는 서명키의 백업 관리에도 충분히 주의를 기울여야 한다.

서명키의 백업 데이터가 도난을 당할 경우 역시 백업 대상이 되는 서명키 도난과 똑같은 피해를 입기 때문이다.

블록체인의 미해결 문제

보다 엄격한 키 관리를 원한다면 HSM을 이용한다

디바이스에 의한 관리에서 설명한 것처럼 하드웨어 내의 안전한 영역(변형 억제 디바이스, 보안칩)에 서명키를 저장하고 외부에서 직접 서명키에 접속하지 못하는 시스템이라면 아주 바람직한 형태라 할 수 있다. 이런 시스템 중 하나인 HSMHardware Security Module에 대해서 간략하게 소개하겠다.

고객의 자산이 되는 서명키를 관리하는 입장인 온라인 지갑이나 거래소 등의 서비스 사업자에게는 엄격한 키 관리가 요구된다. 서비스 사업에서 보다 엄격하게 키를 관리하기 위해서는 HSM의 이용도 하나의 방법이 될 수 있다.

HSM은 디바이스에 의한 관리처럼 암호키나 서명키를 안전한 하드웨어 내에 저장하고 밖으로 이동시키지 않는 시스템이며, 하드웨어로의 접속 제어, 물리적인 파손이나 공격에 대한 내성 등 튼튼한 보안 구조를 갖추고 있다. HSM의 안전성에 관한 인증제도로는 공통평가기준인 ISO/IEC 15408에 의한 인증, FIPS 140-2에 의한 CMVP/JCMVP 등이 있다.

그런데 인증에도 각기 다른 수준의 기준이 있다. 예를 들어 FIPS 140-2에서는 보안 성능의 수준을 네 가지로 분류한다. 이 보안 수준과도 관련이 있지만 HSM의 각종 제품은 각기 특징이 다르다. 하드웨어 내에 보관된 키의 물리적 보호를 위한 제품 구조로 하드웨어 자체가 억지로 열려고 해도 잘 열리지 않는 구조, 억지로 열렸다는 사실을 발견할 수 있는 구조, 억지로 열려는 행위 등 이상을 검출한 경우에 내부의 키가 소거되는 구조(블록체인에서는 서명키가 소거되면 문제가 발생한다) 등이 있다.

이처럼 HSM은 높은 수준의 보안 기능을 갖추고 있고 적절하게 운용하면 안전하게 키를 관리할 수 있기 때문에 전자인증기관 등의 기관이 전자증명서의 발행에 사용하는 서명키처럼 엄격한 관리가 필요한 경우에 사용되었다.

과거의 HSM은 특정 기관의 서명키를 관리하는 성능만 갖추고 있다면 충분했다. 하지만 최근에는 클라우드 서비스의 보급 등으로 엔드 유저가 암호나 서명을 사용한 키의 관리를 서비스 사업자에게 맡기는 일이 늘어나고, HSM 내에서 이전보다 다량의 키 관리와 연산 처리가 가능한 제품이 등장했다[5, 6].

다량의 키 관리와 연산 처리에 대응하는 HSM의 등장으로 블록체인의 온라인 지갑 서비스와 암호화폐 거래소에서도 HSM의 도입이 현실화되었다. 앞으로는 더욱 다양한 서비스에 도입이 검토될 것이다. 실제로 해외의 거래소 서비스에서는 이미 HSM을 도입한 사례도 존재한다.

HSM를 도입하는 경우에는 서비스의 스케일 아웃에 관한 배려도 필요할 것이다. 여기서 말하는 스케일 아웃은 블록체인 자체의 스케일 아웃이 아니라 거래소 등의 서비스 구현과 관련된 것이다.

다량의 키를 취급하는 처리 능력이 향상되었다 하더라도 대량의 트랜잭션을 처리하는 서비스를 하나의 HSM으로 관리하는 것에는 한계가 있기 때문에 복수의 HSM으로 운용하는 경우도 있다. 하지만 HSM은 저장된 키를 HSM 사이에서 이동시키는 데 제약이 존재한다(백업 데이터의 복구 등에 한정된다). 따라서 소프트웨어처럼 처리 부하 때문에 암호키 또는 서명키를 동적으로 자유롭게 배치한다는 것은 무리에 가깝다. 그렇기 때문에 HSM 사용 프로그램을 스케일 아웃할 때의 영향을 고려하면서 설계해야 한다.

서명키의 소유자

　지금까지 블록체인의 서명키 관리에 대해서 정리했다. 이 배경에는 서명키를 소유하는 자(또는 사용할 권리를 가진 자)만 서명키를 사용할 수 있다는 근본적인 사상이 있다. 그렇다면 이 시점에서 서명키를 소유하는 자란 도대체 누구를 가리키는 것인지 의문이 들 것이다.

　비트코인과 같은 블록체인에서는 각 이용자의 식별이 서명키에 대응하는 식별자(보다 엄밀히 말하자면 서명키와 세트가 되는 검증키에서 생성된 식별자)를 통해 이루어지기 때문에 암호화폐의 거래에서는 이용자가 자신의 신분을 밝힐 필요가 없다.

　암호화폐를 결제수단으로 이용하는 서비스에서는 서비스 내용에 따라 이용자의 신분을 밝힐 필요 없이 서비스가 이용 가능한 경우도 있다. 예를 들어 디지털 데이터 등의 판매에서는 데이터 사용의 라이선스 관리를 확실히 하기 위해 ID를 할당하는 경우가 있다. 서비스 측은 이 ID와 암호화폐를 지불하는 어드레스의 대응관계만 관리할 수 있다면 그것으로 충분하다. 실제로 비트코인에서는 신분을 밝히지 않고 결제와 거래를 실행할 수 있기 때문에 사용하는 측의 진입 장벽이 낮은 것이 이용을 촉진하는 면(이를 악용하는 면도 포함하여)도 있다.

한편 거래 상대에 관한 정보가 필요한 경우도 있다. 배송이 필요한 상거래라면 거래 상대의 이름과 주소를 알아야 하며, 서비스에서 취급하는 상품의 금액이나 책임 정도에 따라 거래 상대의 신분을 확인해야 하는 경우도 있을 것이다.

이처럼 거래 상대의 정보가 필요한 경우에는 블록체인상의 식별자와 거래 상대에 관한 정보를 서비스 제공자가 블록체인 밖에서 연결해야 한다. 거래 상대에 관한 정보를 획득하는 방법(이용자의 직접 제공, 보다 엄격한 공적 증명서의 요구 등)은 제공되는 서비스 내용이나 서비스 제공자와 이용자의 책임 정도에 따라 달라진다.

여기까지의 예시는 일반적으로 암호화폐를 결제수단으로 이용하는 서비스에서 이용자를 식별하는 경우다. 고객의 자산인 서명키를 관리하는 암호화폐 거래소나 온라인 지갑과 같은 서비스에서는 서비스에 대한 책무뿐만 아니라 사회적 책무도 필요하다. 이런 서비스에서는 기존의 금융기관 등과 마찬가지로 자금세탁이나 테러의 자금조달과 같은 범죄에 대한 대책과 이용자 보호가 필요하다. 그래서 그 일환으로 이용자 본인 확인을 보다 면밀하게 하는 방법이 제안되었다.

이미 일본의 금융기관 등에서는 범죄수익이전방지법으로 계좌 개설 시 등의 본인 확인이 의무화되었다. 2016년 5월에 개정자금결제법이 통과되면서 암호화폐 거래소 등도 범죄수익이전방지법의 특정사업자에 추가되어 지금까지의 금융기관 등과 마찬가지로 이용을 시작할 때 본인 확인이 필요하게 되었다.

온라인 지갑이나 암호화폐 거래소 등의 서비스에서는 서비스 이용을 시작할 때 공적인 증명서 등으로 이용자에 대한 엄격한 본인 확인이 이루어질 것이다. 특히 온라인 지갑의 경우에는 이용자와 서명키와의 관련성을 담보해야 하기 때문에 이용자의 본인 확인부터 이용자 본인의 서명키 사용까지의 일련의 과정에서 일관성 있는 관리가 필요할 것으로 보인다[7].

블록체인의 미해결 문제

온라인 지갑과 리모트 서명

온라인 지갑에서는 이용자의 본인 확인부터 이용자 본인의 서명키 사용까지의 일관성 있는 관리가 필요하다. 온라인 지갑의 이용자 등록부터 이용까지의 과정을 정리하면 다음과 같다.

① 서비스를 제공하는 측에서 이용자 본인의 신분을 확인한다. 공적인 증명서(신분증 등) 또는 본인 한정 수취 우편 등을 이용한다.

② 서비스 이용을 위한 계정 등록 절차를 시작한다. 이 과정에서는 서비스에 접속하기 위해 필요한 ID(서비스 ID)가 만들어지고 인증용 정보(비밀번호 등)가 이용자에게 배포된다. 인증용 정보는 이용자가 직접 설정하기도 한다. 그 다음, 이용자가 서명키를 새롭게 만들거나

이용자가 보유한 서명키를 서비스에 업로드한다.

③ 이용자가 서비스를 이용할 때는 서비스 ID와 인증용 정보로 서비스에 로그인한다.

④ 이용자가 서비스를 통해 자신의 서명키에 접속한 다음 트랜잭션을 생성하여 송신한다.

다양한 상황이 있을 수 있지만 큰 흐름은 위와 같을 것이다. 이용자 본인과 서명기의 대응이라는 관점에서 보면 전 과정이 모두 중요하다. 처음 본인 확인 단계에서는 타인에게 도용을 당해서는 안 되며, 등록과 이용 단계에서는 타인이 로그인할 위험성, 디지털 서명을 하기 전에 의도하지 않은 트랜잭션으로 바뀔 가능성 등도 고려해야 한다.

전 과정 동안 이용자 본인과 서명키 그리고 서명 대상이 되는 트랜잭션의 이어진 끈을 유지하기 위해서는 데이터의 불일치가 발생하지 않는 시스템이 필요하다. 물론 설명한 대로 서명키 자체의 유출이 있어서는 안 되기 때문에 HSM의 이용 등을 염두에 두고 적절하게 운용해야 한다. HSM이나 서비스를 가동하는 서버가 설치된 시설의 안전 대책에도 주의가 필요하다. 물리적인 도난이나 파손, 화재 피해 등을 고려한 대책 역시 마련해야 한다.

이런 일련의 관리를 검토하는 경우는 일본의 전자서명법연구회 등이 추진하는 리모트 서명 논의가 참고가 될 것이다[8].

리모트 서명은 서버 서명Server Signing으로도 불리며 EU와 일본 등에서 활발하게 논의가 진행 중이다. 블록체인이 아니라 PKI의 부인 방지 목적의 디지털 서명을 상정하고 논의가 이루어지지만 키의 안전한 관리, 이용자 본인만 서명키를 사용할 수 있도록 만든 보안 요건 등 블록체인 논의와도 공통되는 부분이 있다.

다중서명의 제안

키 관리와 관련된 논의로 비트코인에서 제안된 다중서명을 소개하겠다.

비트코인의 서명키는 암호화폐라는 자산과 직결되기 때문에 유출이나 도난 시의 위험이 크다. 이 위험을 줄이기 위해 단일 서명키가 아니라 복수의 서명키로 트랜잭션에 디지털 서명을 부여하고 디지털 서명(모든 서명 또는 정해진 수의 서명)이 유효하지 않으면 트랜잭션이 실행되지 않는 시스템이 도입되었다.

직접 복수의 서명키를 각기 다른 장치에서 관리하거나 온라인 지갑 등의 서비스 사업자가 가진 서명키와 이용자의 서명키를 같이 사용하는 등의 방법을 통해 서명키 유출 시의 위험을 줄일 수 있다.

그리고 온라인 지갑에 보관한 서명키와는 다른 서명키를 이용자가 직접 관리하여 온라인 지갑의 사업자가 이용자의 서명키를 부정하게 사용해도 트랜잭션이 실행되지 않도록 하는 대책을 세울 수도 있다. 이처럼 다중서명은 서명키의 유출과 부정사용 대책에 효과적이다. 그러나 이것이 키를 보호한다는 의미의 키 관리 자체의 문제를 해결하는 수단은 아니라는 점에는 주의해야 한다.

서명키의 유출이나 부정사용된 후의 위험을 줄이는 것뿐이기 때문에 그 이전에 서명키 자체를 안전하게 관리해야 한다. 복수의 서명키를 사용하면 관리에 주의를 기울여야 할 서명키의 수가 늘어난다는 사실도 염두에 둬야 한다.

비슷한 구조로 비밀 분산Secret Sharing이나 역치 서명Threshold Signature과 같은 기술을 통해 분할 관리하는 방법도 생각해볼 수 있다. 비밀에 부쳐야 할 정보를 복수로 가진다는 점에서는 위에서 말한 유의점에 역시 주의를 기울여야 할 것이다.

제10장

비트코인의 암호기술은
언젠가는 해독될 것이다

사토 마사시

세콤 주식회사 IS 연구소 커뮤니케이션 플랫폼
디비전 암호·인증 기반 그룹 주임연구원

암호, 디지털 서명, 해시함수와 같은 암호 분야의 기술에 의존하는 블록체인은 안전한 암호 기술 이용이 필수적이다. 그런데 암호 방식이나 암호를 이용하는 암호통신 프로토콜에 대한 공격 방법은 점점 진화하고 있으며, 암호 관련 기술의 안전성은 시간이 갈수록 점점 저하되고 있다. 블록체인을 이용하여 운용을 시작한 당초에는 안전한 암호 기술이었다 하더라도 시간이 지나면 암호 기술은 점점 취약점을 드러낼 것이고 이를 이용한 공격도 가능해질 것이다. 예를 들어 비트코인에서 사용되는 암호 방식인 ECDSA(키의 길이: 256비트)와 해시함수 SHA-256은 2030년 이후에도 사용할 수 있을 것으로 예상되지만[1], 비트코인의 신규 화폐 발행은 2140년 정도까지 이어지고 그 이후에도 화폐의 사용은 계속된다.

블록체인을 장기적으로 운용하다 보면 언젠가는 서명 방식이나 해시함수에 대한 공격도 현실화될 수 있다. 실제의 위협이 되기 전에 새로운 서명 방식과 해시함수로 교체해야 할 것이다. 블록체인에서는 다양한 부분에 디지털 서명과 해시함수가 사용되기 때문에 각각에 대한 고찰이 필요하다. 제10장에서는 비트코인 모델을 예로 들어 트랜잭션의 디지털 서명과 블록의 해시체인에 사용되는 해시함수에 초점을 맞춰 그 이행移行 방식에 관한 논점을 정리한다.

디지털 서명과 해시체인의 역할

디지털 서명과 해시체인의 역할은 [표 10-1]처럼 서로 다르다. 그렇기 때문에 안전성이 저하된 경우의 위협이나 이행 과정에서 필요한 대처 및 작업도 다르다.

[표 10-1] 디지털 서명과 해시체인의 역할 및 위협 등

	주요 역할	안전성이 저하된 경우의 위협	이행 과정에서 필요한 작업
트랜잭션에 부여하는 디지털 서명	트랜잭션 생성자의 확인 및 트랜잭션의 조작 검출	디지털 서명의 서명키의 불법적인 복제 (자산의 부정 취득)	• 소프트웨어의 업데이트 • 이용자에 의한 새로운 서명키로의 이행 작업
블록의 해시체인	블록에 저장된 트랜잭션의 존재 증명	과거 트랜잭션이나 블록의 위조(과거 미사용 화폐의 탈취 등)	• 소프트웨어의 업데이트 • 블록 생성자 등에 의한 새로운 해시체인의 갱신 작업

디지털 서명의 이행은 앞으로 만들어질 트랜잭션에 대한 보호 작업이며, 해시체인의 이행은 트랜잭션이나 블록에 작성된 기록에 대한 보호 작업이라 할 수 있다. 먼저 디지털 서명의 이행에 관한 과제를 소개한 다음 해시체인의 이행 과제에 대해 고찰하겠다.

블록체인의 미해결 문제

디지털 서명의 이행에 관한 과제

트랜잭션의 디지털 서명 방식이 취약하면 최악의 경우 공격자가 서명키의 데이터를 훔치지 않고도 서명키를 추측할 가능성이 있다. 이와 같은 공격이 가능해지면 이용자가 서명키를 아무리 안전하게 관리해도 아무런 의미가 없다. 이런 사태가 발생하기 전에 새로운 서명 방식으로 교체하거나 서명키를 길게 변경하는 등의 대책을 세워야 한다.

블록체인 시스템을 구현하는 소프트웨어나 서명키를 관리하는 하드웨어/소프트웨어(지갑 등)는 새로운 서명 방식과 서명키의 길이에 대응할 필요가 있다. 서명 방식이나 서명키의 길이를 변경하는 경우에는 서명 연산 시의 처리 부하 증대, 트랜잭션이나 블록의 크기 확대 등 블록체인의 확장성 문제[2]도 고려해야 한다.

　이용자 측에는 이 소프트웨어를 이용하여 새로운 서명키를 생성하고 새로운 서명키에 암호화폐 등의 자산을 다시 연결하는 작업이 필요하다. 서명키의 이행을 잊어버린 이용자 또는 이행의 필요성을 모르는 이용자의 서명키는 취약한 상태로 남게 된다.

해시체인의 안전성 저하가 끼치는 영향

다음으로 해시체인의 해시함수 이행에 대해 살펴보겠다. 해시체인의 이행은 네트워크 전체에 영향을 끼치기 때문에 보다 신중한 자세가 필요하다.

블록체인에서는 디지털 서명의 생성(서명 연산 전의 처리), 트랜잭션 ID와 서명키(와 세트를 이루는 검증키)에 대한 ID 생성, 트랜잭션의 해시 트리, 블록의 해시체인 등 다양한 곳에서 해시함수가 이용된다.

해시함수란 원본 데이터에 대해 특정 길이의 값(해시값)을 생성하는 것이다. 쉽게 말하자면 다음과 같은 특징을 가지고 있다.

- 입력값이 같으면 같은 해시값이 출력되지만, 입력된 데이터가 다르

면 전혀 다른 해시값이 출력된다.
- 해시값에서 원본 데이터를 추측하기가 굉장히 어렵다.

예를 들어 비트코인에서도 사용되는 SHA-256이라는 해시함수는 입력된 데이터에 대해 256비트(32B)로 고정된 길이의 해시값을 생성한다. 이와 같은 특징이 있기 때문에 크기가 큰 데이터를 직접 비교하지 않아도 해시값으로 데이터의 동일성을 확인할 수 있고, 해시값을 데이터 검색의 키워드로 사용할 수 있다. 해시함수는 이와 같은 보안 기능과 효율적인 처리를 위해 블록체인 이외의 다양한 분야에서 이용되고 있다.

비트코인 등에서 채택한 작업증명에서는 해시함수의 특징을 이용하여 특정한 값보다 작아지는 해시값을 얻기 위해서는 대량의 해시값 계산이 필요하다는 사실을 전제로 한다.

해시함수를 데이터의 조작 검출과 같은 보안 기능으로 이용할 경우는 안전성이 매우 중요하다. 해시함수가 안전한 것은 역상 저항성Preimage Resistance, 제2역상 저항성Second Preimage Resistance, 충돌 저항성Collision Resistance 등의 성질을 가지고 있기 때문이다. 각각의 저항성마다 안전성이 저하된 경우의 위협은 다르다. 해시값에서 원본 데이터를 추측하는 것이 간단해질 수도 있고, 서로 다른 데이터에서 동일한 해시값을 생성할지도 모른다. 동일한 해시값을 생성하는 서로 다른 데이터가 발견된다면 데이터의 일치를 확인할 수단으로 이용 가능할지 의

블록체인의 미해결 문제

심스러워질 것이다.

블록체인에서 트랜잭션의 해시트리나 블록의 해시체인을 수정하지 않고 다른 트랜잭션이나 블록으로 교체할 수 있을지도 모른다(정당하지 않은 트랜잭션의 교체 공격에 대해 논의할 때 트랜잭션 간의 관계, 즉 디지털 서명의 연쇄가 있는 경우에는 그 관계에 대해서도 고찰해야 한다).

이와 같은 경우에는 시간이 경과해도 불변성을 유지한다는 블록체인의 의미가 퇴색된다. 해시함수가 취약해져서 위협이 현실화되기 전에 새로운 해시함수로의 이행이 필요한 때가 올 것이다.

해시함수 이행의 힌트가 되는
장기서명기술

비트코인을 예로 들어 트랜잭션에서 해시체인을 생성하는 과정을 간략하게 나타내면 [도표10-1]이 된다. 이처럼 많은 단계의 해시함수 처리 과정을 거치기 때문에 각각의 과정에서 해시값 충돌에 의한 위협을 고찰할 필요가 있다. 그런데 이 과정은 굉장히 복잡하다.

먼저 고찰할 포인트를 간단하게 정리하기 위해 이전부터 논의되던 장기서명기술을 소개한 다음 블록체인의 관련 과제에 대해 설명도록 하겠다.

장기서명기술은 ETSI(유럽전기통신표준협회)를 중심으로 표준화가 진행 중인 PKI 디지털 서명 분야의 기술이다[3, 4, 5, 6]. 디지털 서명이 부여된 전자 데이터(디지털 서명 포맷)의 유효성을 장기간 담보할 수 있는

블록체인의 미해결 문제

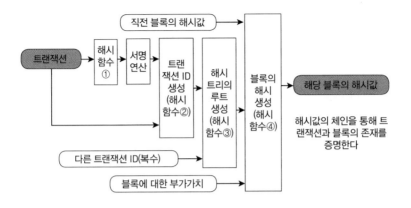

[도표 10-1] 블록체인에서의 해시체인 생성

시스템이다. 재무 관련 서류, 계약서, 의료 정보 등을 디지털 서명이 된 데이터로 취급하는 경우, 문서의 종류에 따라 법령상 보존 기간이 정해지기도 하고 후일 있을지도 모르는 법적인 분쟁에 대비해 장기 보존이 필요하기도 하다.

이와 같은 상황에서 디지털 서명을 이용할 때는 두 가지 중요한 포인트가 있다. 하나는 디지털 서명을 누가 언제 만든 것인지 증명 가능하도록 하는 것이고, 다른 하나는 디지털 서명을 장기간 보존해도 그 증명이 유효하도록 하는 것이다.

첫 번째 포인트에서 '누가'는 PKI 인증기관에 의한 서명자 본인과 서명키의 대응(공개키 증명서)으로 증명되며, '언제'는 [도표 10-2]처럼 제3자 기관인 타임스탬프 인증기관이 타임스탬프 토큰을 발행함으로써(디지털 서명과 시각 정보를 링크) 증명된다.

장기서명의 경우(존재 증명이 된 서명 데이터의 생성)

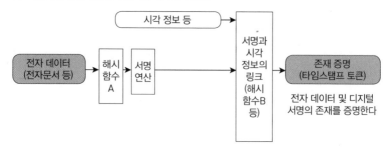

장기서명의 표준규격에서 서명과 시각 정보의 링크(타임스탬프 토큰 생성)는
제3자 기관(타임스탬프 인증기관)이 담당한다.

블록체인은 실제의 처리 과정과 모델 사이에 차이가 존재한다. 하지만 이 장기서명의 개념을 [도표 10-1]의 블록체인 모델과 비교해 보면 [도표 10-2]의 '전자 데이터'는 '트랜잭션'에, '존재 증명(타임스탬프 토큰)'은 '해당 블록의 해시값'에, 존재 증명의 생성에서 입력하는 '시각 정보'는 '직전 블록의 해시값'에 해당한다고 생각할 수 있다(블록체인의 해시체인은 타임스탬프 서비스처럼 엄격한 시각의 증명을 제공하는 것이 아니라 데이터의 순서를 담보한다는 차이가 있다).

장기적인 유효성의 담보

　장기서명에서 또 다른 중요한 점은 '장기적인 유효성의 담보'로 블록체인의 해시 이행을 고찰할 때 가장 중요한 부분이기도 하다. 오랜 기간 디지털 서명과 존재 증명의 생성에 사용되어온 해시함수의 안전성이 저하되면 디지털 서명이나 존재 증명의 위조가 가능해질 위험성이 있다. 이런 위협에 대응하기 위해 장기서명은 유효성 연장 시스템을 통해 당시 사용된 서명 방식이나 해시함수가 장시간 경과 후 안전성이 낮아진 경우에도 유효성을 검증할 수 있도록 만들었다(PKI의 경우는 해시함수나 서명 방식의 안전성 저하뿐만 아니라 공개키 증명서의 유효기간 만료에 대한 대책도 필요하다. 장기서명은 이 대책에도 해당된다).

　이 방식의 기본은 디지털 서명, 디지털 서명의 대상이 된 전자 데

[도표 10-3] 장기서명을 통한 유효기간 연장

장기서명을 통한 유효기간 연장(해시함수 이행)

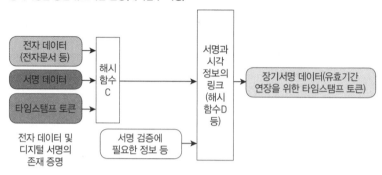

보다 안전성이 높은 해시함수C와 D(C와 D가 같아도 된다)를 사용하여 새로운 시각 정보와 링크한다.
장기서명의 표준규격에서 서명과 시각 정보의 링크(타임스탬프 토큰 생성)는 제3자 기관(타임스탬프 인증기관)이 담당한다.

이터, 디지털 서명에 대한 존재 증명 등을 위협이 발생하기 전에 보다 안전성이 높은 해시함수로 새롭게 링크하는 것이다(도표 10-3). 이 새로운 링크에 사용된 해시함수가 위협을 받지 않는 한 과거에 작성된 디지털 서명 및 그 존재 증명(과거에 이미 생성된 존재 증명)의 유효성은 유지된다. 설사 원본 전자 데이터, 디지털 서명, 과거의 타임스탬프 토큰 중 어느 하나가 위조된다 해도 새로운 해시함수를 이용해 얻은 해시값으로 위조를 발견할 수 있기 때문이다.

장기서명의 경우, 앞서 설명한 대로 서명 데이터에 대한 존재 증명은 제3자 기관이 발행하는 타임스탬프 토큰이라는 단일 데이터로 이루어지기 때문에 비교적 어렵지 않다. 하지만 블록체인의 경우는

블록체인의 미해결 문제

존재 증명을 보증하기 위해 유지해야 할 데이터가 각 노드가 생성해서 보유한 일련의 해시값의 연쇄라는 점이 다르다. 이 차이에 주의하면서 이행 방법을 검토해야 한다. 블록체인의 검토 포인트에 대해서는 다음에서 설명하겠다.

블록체인의 해시함수 이행의 검토 포인트

장기서명의 개념에서 정리한 것처럼 이행 과정에서는 트랜잭션과 디지털 서명 그리고 과거에 만들어진 존재 증명인 해시체인의 연결을 새로운 해시함수로 강화하는 것이 중요하다. 이 방법 가운데 정교하지는 않지만 [도표 10-3]에서 해시함수C의 입력값이 되는 전자 데이터와 서명 데이터, 블록체인 내의 모든 트랜잭션(디지털 서명 포함), 시각 정보를 하나의 큰 덩어리로 보는 방법도 있다. 즉 과거의 블록체인 전체에 새로운 해시함수를 적용하여 새로운 해시체인의 기점으로 삼는 것이다.

하지만 이 방법은 현실적이라 할 수 없다. 2017년 11월 시점에서 비트코인의 블록의 크기는 약 140GB였다. 만일 2030년쯤 해시함수의 이행이 검토된다고 하면 이때는 블록의 크기가 800GB가 된다는 예측(단조증가라고 가정)이 가능하다. 과거 블록의 검증 등에서 800GB나 되는 데이터에 대한 해시 계산을 각 노드가 실행한다는 것은 비효율적이다. 그렇다고 그 처리를 특정 노드나 기관에 위임한다면 탈중앙화의 의미가 퇴색될 수 있다.

또한 어떤 단계의 블록체인을 입력 대상으로 할 것인지 선택할 때 특정 시점의 블록체인 상태(해시 이행 직전의 상태)를 하나로 확정해야 하는 등 소프트웨어의 영역을 넘어 커뮤니케이션 영역에서 의사결정이 필요하게 된다. 이처럼 해시체인을 일괄적으로 이행한다는 발상은 심플하지만 다양한 문제를 내포하고 있다.

한편 일괄적으로 해시를 이행하는 것이 아니라 각각의 트랜잭션 또는 특정 블록을 새로운 해시함수에 입력하여 순차적으로 이행하는 방법도 생각해볼 수 있다. 이 경우는 과거 트랜잭션과 블록에서 생성된 해시값을 신규 블록(새로운 해시함수가 적용된 블록)을 생성하는 과정에서 흡수한다(도표 10-4). 새로운 블록이 생성되는 동시에 과거 트랜잭션과 블록이 순차적으로 새로운 해시함수를 통해 강화되면서 최종적으로 모든 트랜잭션과 블록의 이행이 완료된다. 이 방법이라면 일괄적으로 이행할 때 발생하는 의사결정 문제 등은 피할 수 있을 것이다.

이렇게 순차적으로 이행하는 경우는 과거 트랜잭션과 블록이 어느 시점까지 해시 이행을 완료해야 하는지 예측하여 신규 블록에 담

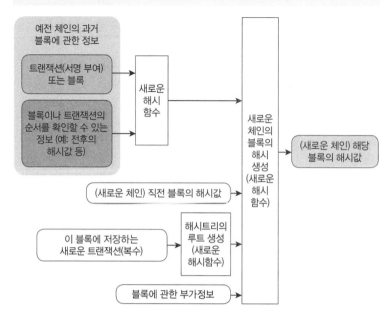

[도표 10-4] 블록체인 해시의 순차적 이행

을 과거 트랜잭션과 블록의 단위를 결정해야 한다. 또한 과거 트랜잭션과 블록의 순차성을 손상시키지 않고 이행하는 방법을 찾는 것도 아주 중요하다. 예전 해시체인에서 과거 블록에 관한 정보를 꺼내 새로운 해시함수에 입력하는 과정에서 특정 트랜잭션이나 블록을 제외하거나 순서가 뒤바뀌면 과거의 존재 증명 기능이 손상되기 때문이다.

블록을 순차적으로 이행하는 방법에 관한 상세한 내용은 〈Long-term public blockchain: Resilience against Compromise

블록체인의 미해결 문제

of Underlying Cryptography⟩[7]에서 확인 가능하므로 관심이 있다면 참고하길 바란다.

실제로 이행되는 경우의 유의점(PKI의 경우)

해시함수와 디지털 서명의 이행을 위한 기술적인 시스템이 제공된다 해도 그것만으로 실제 이행이 제대로 이루어지는 것은 아니다. PKI 분야는 이미 블록체인보다 먼저 이행의 문제에 직면했다. PKI의 공개키 증명서, 디지털 서명, 타임스탬프 등에서 기존에 사용했던 해시함수(SHA-1)와 서명키(RSA 1024비트)의 안전성이 저하되어 보다 안전성이 높은 SHA-2 계열의 해시함수와 길이 RSA 2048비트 이상의 서명키로의 이행이 이루어졌고, 현재 이행이 진행 중인 것도 있다. PKI의 이행 문제가 시사하는 바를 간단하게 설명하겠다.

이행 과정에서는 먼저 방침을 결정해야 한다. 정부 장려 기준 등을 고려해서 기존의 방식을 어떤 용도로, 어느 시기까지 이용 가능하

블록체인의 미해결 문제

게 할지 등을 정한다.

정해진 방침에 따라 실제 이행 작업을 진행할 때는 인증기관의 증명서 재발행(키의 재발행), 증명서를 이용하는 시스템, 애플리케이션, 미들웨어의 갱신, 설정 변경, 장기서명과 같은 경우에는 과거에 작성된 서명 데이터의 갱신 작업 등이 필요하다.

이처럼 이행은 수많은 관련 시스템과 사업자 등에 큰 영향을 미친다. 그렇기 때문에 가동 중인 시스템을 유지하면서 이행을 원활하게 진행하기 위해 정부기관, 인증기관, 타임스탬프 서비스 등의 사업자, 평가·인증 기관, 시스템, 애플리케이션, 미들웨어를 구축하는 벤더, 시스템 운영자 등은 서로 연계하며 과제의 정리 및 해결을 위한 논의에 신중한 자세로 임해왔다.

실제로 이행되는 경우의
유의점(블록체인의 경우)

블록체인도 동일한 문제에 직면할 것으로 보인다. 그때는 블록체인 기술을 구현하여 제공하는 커뮤니티뿐만 아니라 블록체인의 일반 이용자, 거래소 등의 사업자, 블록체인상에서 실행되는 스마트 계약 등의 서비스를 제공하는 사업자 등 다양한 이해관계자들이 함께 이행에 관한 지침과 실제 작업 과정에 대해 의견을 조율해야 한다. 특히 비트코인과 같은 퍼블릭 블록체인에서는 과거의 확장성 문제 논의에서도 알 수 있듯이 이행으로 나아가기 위해 이 의견 조정의 어려움을 극복해야 할 것으로 보인다.

그렇다면 비트코인과 같은 퍼블릭 블록체인에서 서명 방식이나 해시함수를 교체(이행)하기 위해서는 어떤 절차가 필요할까? 여기서

블록체인의 미해결 문제

는 대표적인 두 가지 경우를 예로 들어 필요한 절차에 대해서 소개하겠다.

첫 번째는 불법적인 사이버 공격의 수법이 확실히 밝혀져서 가능한 한 빨리 교체가 필요한 경우다. 이때는 새로운 서명 방식과 해시함수에 대응하기 위해 과거의 소프트웨어와 호환이 되지 않는 새로운 소프트웨어로 각 노드를 일괄적으로 업데이트하는 이른바 '하드포크'가 필요하다. 하드포크가 일어나면 소프트웨어의 업데이트를 진행하지 않는 노드는 새로운 방식으로 만들어진 트랜잭션과 블록을 수신할 수 없게 된다. 그런데 하드포크를 통한 이행은 비트코인이나 이더리움과 같은 실례에서도 알 수 있듯이 신·구 버전이 공존하게 될 리스크가 발생할 수밖에 없다. 소프트웨어의 업데이트에 실패하여 암호화폐 등의 자산을 잃게 되는 이용자도 생길 수 있다.

두 번째는 아직 유효한 공격 수단이 발견되지는 않았기 때문에 이행까지 시간의 여유가 있는 경우다. 이때는 과거의 소프트웨어와 새로운 소프트웨어가 서로 호환되면서 운용되는 '소프트포크'가 적절할 것이다.

과거에 만들어진 디지털 서명과 해시체인을 버리고 처음부터 다시 만드는 것이 아니라 장기서명처럼 새로운 해시함수 등을 통해 과거의 디지털 서명과 해시체인의 효력을 담보한다는 발상이 필요하다.

장기서명의 경우는 제3자 기관이 이 효력을 담보하기 때문에 비교적 간단하게 이행이 가능하다. 그런데 블록체인의 경우는 누가 효

력을 보증하는가가 중요한 문제가 된다. 이런 점도 고려하면서 하드
포크가 아닌 소프트포크로 암호를 이행하기 위한 연구를 진행해야
한다.

　디지털 서명과 해시함수의 이행은 이용자의 자산을 안전하게 보
호하기 위한 조치이며, 실제로 이행되면 블록체인에 관련된 시스템
전체에 큰 영향을 끼칠 것이다. 원활한 이행 작업을 위해서는 지침과
방책에 대해 신중한 자세로 접근해야 한다.

제11장

블록체인 시스템의
미성숙한 개발체계

마쓰오 신이치로

조지타운대학교 교수
MIT 미디어 연구소 소장 리에종(연계 지원, 금융암호)

지금까지 블록체인의 기본적인 작동 원리에 대해 설명하고 '신뢰', '합의', '확장성', '키 관리'라는 개별적인 기술 요소가 가진 중요한 과제에 대해 소개했다. 각각의 과제는 해결이 쉽지 않기 때문에 앞으로 본격적인 연구가 필요한 상황이다.

블록체인이 전 세계에 변화를 가져오기 위해서는 개별적인 요소를 조합한 '시스템'으로서의 블록체인이 장기적으로 (최종적으로는 영원히) 안전하고 신뢰할 수 있는 기술이 되어야 한다. 그렇지 않으면 전 세계에서 사용되는 사회 기반이 될 수 없다. 그래서 제11장에서는 블록체인의 개별 요소를 조합한 '시스템' 전체가 안전하게 운영되기 위해서 고찰해야 할 과제에 대해서 소개하겠다.

더 다오 해킹 사건의 교훈

2016년 6월에 블록체인 플랫폼 중 하나인 이더리움을 기반으로 한 사업 투자 펀드인 다오Decentralized Autonomous Organization, DAO (분산형 자율 조직) 프로젝트, 통칭 '더 다오The DAO'에서 보안상의 중대한 문제가 발생한다. 프로그램 설계의 취약성 때문에 대량의 이더리움 암호화폐가 당초 시스템 설계의 의도와는 다르게 유출된 것이다. 이 사건은 블록체인의 '암호기술로 보안이 보장된다'는 안이한 생각이 잘못되었음을 재인식하는 계기가 되었다.

'블록체인상의 정보를 안전하게 보전한다'는 블록체인이 표방하는 기본적인 기능을 철저하게 구축하는 것은 블록체인 신봉자가 말하는 것처럼 그리 간단하지 않다.

블록체인을 기술적으로 분류하자면 암호 프로토콜(암호기술과 통신이 결합된 것으로 단일 암호기술보다 높은 수준의 보안 기능을 제공하는 시스템)의 한 종류다.

암호 프로토콜의 안전성을 지키기 위해서 고군분투하는 하나의 예로 우리가 보통 온라인 쇼핑이나 온라인 뱅킹에 사용하는 SSL/TLSSecure Socket Layer/Transport Layer Security라는 프로토콜이 있다. 이 프로토콜은 두 통신 주체가 서로를 인증하고 통신 세션 전용 프로토콜의 암호키를 교환하면서 암호통신을 하는 기술이다. 그런데 최근 몇 년간의 보고에 따르면 SSL/TLS는 내부에서 사용하는 암호기술이 안전하다 하더라도 프로토콜의 설계(조합 방식)나 프로그램으로 구현되는 과정에서 문제가 발생하면 암호화된 데이터가 유출될 수도 있다고 한다[1].

이 문제는 실제 구현 과정에서 수정하거나 TLS의 차기 버전인 TLS 1.3의 설계에 반영하여 참고하고 있다. 이 사례는 기반 기술인 암호기술 알고리즘의 안전성만으로는 암호 시스템 전체의 안전성을 보장할 수 없다는 사실을 잘 보여준다[2].

사라진 가용성

보안 문제에서 또 한 가지 놓쳐서는 안 되는 부분이 가용성 Availability이라는 관점이다. 가용성은 보안의 3대 요소(기밀성, 무결성, 가용성) 중 하나다. 더 다오 해킹 사건이 일어났을 때 유출된 코인의 취급을 둘러싸고 큰 논쟁이 일어났고, 결국 하드포크라는 결론이 내려졌다. 하지만 이 결론을 도출하기까지 아주 오랜 시간이 걸렸고, 그 사이 시스템 정지와 같은 상황이 발생했다. 다시 말해 가용성이 사라진 것이다.

이런 '가용성이 사라진' 상황은 다른 곳에서도 발생할 수 있다. 기반이 되는 암호기술에서 취약성이 드러나면 모든 노드에 새로운 암호기술을 적용해야 한다. 하지만 이런 과정이 원활하게 이루어지기란 쉽지 않다. 만일 사이버 공격으로 코인이 유출되지 않더라도 '시스템'이 정지하는 시간이 생긴다면 공격자가 공격을 꾸밀 틈이 생기는 것이다.

블록체인이 사회적 기반이 되었을 때 사이버 공격으로 시스템이 정지한다면 사회활동에 아주 큰 타격을 입히게 될지도 모른다. 단순히 블록체인의 보안을 '코인'이나 자산 가치에 대한 인센티브로 생각할 것이 아니라 '세상을 바꾸는 사회 기반'이라는 관점으로 바라본다면 시스템이 멈추지 않는다는 사실에 대한 신뢰도 공격의 대상이자 보호의 대상이 된다는 것을 알 수 있을 것이다.

현재의 블록체인 기술을 애플리케이션까지 포함한 시스템의 관점에서 '멈추지 않는 시스템'이라고 생각하는 것은 시기상조다. 하지만 블록체인을 '세상을 바꾸는 사회 기반'으로 만들기 위해서는 항상 이런 관점에서 검토를 해야 한다.

블록체인의 미해결 문제

암호기술 기반 시스템을 안전하게 보호하는 다섯 가지 레이어

암호기술 기반 시스템의 보안 문제에서는 블록체인의 기술 레이어_{layer}와는 별도로 보안으로서의 레이어라는 측면에서 생각하는 것이 중요하다. 이것은 블록체인뿐만 아니라 정보 시스템의 보안 문제를 생각할 때도 적용되는 사고방식이다.

여기서는 [도표 11-1]과 같이 다섯 가지 보안에 관한 레이어에 대해 생각해보고자 한다. 아래쪽부터 순서대로 설명하겠다.

① '암호기술' 레이어

블록체인상의 정보가 조작되지 않았다는 사실을 보증하는 레이어다. 예를 들어 비트코인에서는 SHA-2, RIPEMD-160이라는 해시함수와 ECDSA라는 디지털 서명 알고리즘을 사용한다.

해시함수는 임의의 길이의 데이터를 고정된 데이터 크기로 압축하는 함수다. '암호학적 해시함수'라 불리는 해시함수는 역상 저항성(해시값에서 원본 데이터를 복원할 수 없다), 제2역상 저항성(동일한 해시값이 출력되는 원본 데이터와 다른 별도의 데이터를 발견할 수 없다), 충돌 저항성(동일한 해시값이 출력되는 두 가지 서로 다른 원본 데이터를 찾을 수 없다)의 조건을 충족시켜야 한다.

2016년에 프린스턴대학교의 아빈드 나레이야난Arvind Narayanan 조교수 등은 블록체인에 필요한 해시함수의 성질로 원본 데이터의 기밀성Hiding과 작업증명 등의 암호 퍼즐로서의 건전성을 의미하는 퍼즐 친화성Puzzle-friendly을 주장했다. 암호 알고리즘에 필요한 성질의 학술적 연구는 현재도 진행 중이다[3].

[도표 11-1] 시스템 전체의 보안을 유지하기 위해 고려해야 할 다섯 가지 레이어

레이어	보안 요건	대응하는 국제표준
운용	보안 정책, 감사, 투명성	ISO/IEC 27000 Series
구현	보안 설계, 개인정보보호 설계, 사이버 공격의 대책 기술	ISO/IEC 15408
응용 프로토콜	프로토콜의 안전성 평가	ISO/IEC 29128, IETF
기반 프로토콜	프로토콜의 안전성 평가	ISO/IEC 29128, IETF
암호기술	암호기술의 안전성 평가	ISO/IEC, NIST

블록체인의 미해결 문제

디지털 서명은 특정 데이터가 비밀키를 소유한 사람에 의해 만들어졌다는 사실, 확인을 위한 데이터(디지털 서명)가 작성된 후에 조작되지 않았다는 사실을 보증하는 기술이다. 디지털 서명은 선택 문서 공격Chosen Message Attack에 대해 존재적 위조 불능성EU-CMA(이미 존재하는 공개키, 데이터, 디지털 서명의 조합으로 새로운 데이터의 디지털 서명 위조에 성공할 수 없다는 것)을 충족시켜야 안전성이 보장된다.

이 레이어에서 안전성을 확인하는 방법은 암호기술 학술 커뮤니티가 1970년대 후반부터 현대 암호의 연구와 표준화를 통해 축적해왔다. 해시함수 등의 암호기술과 디지털 서명 등의 공개키 암호에서 파생된 암호기술 모두 키와 출력값의 길이가 길어지면 암호기술이 해독될 가능성이 기하급수적으로 낮아진다는 사실을 수학적으로 증명할 수 있는 프레임워크를 확립했다. 이것을 '증명 가능한 안전성Provable security'이라 부른다. 이 프레임워크로 안전성이 증명되고 해당 논문이 엄밀한 동료심사Peer review를 거쳐 학회 발표와 검증에서 살아남아야만 연구가 신뢰를 받을 수 있게 되었다.

미국의 표준을 결정하는 NIST는 AES와 같은 공통키 암호의 표준과 SHA-3과 같은 해시함수의 표준을 세계적으로 공모하는 방식으로 결정한다. 이 공모 경쟁으로 AES의 경우는 4년(1997~2000년), SHA-3의 경우는 요건을 논의한 최초의 워크숍부터 7년(2005~2012년)이라는 긴 기간이 소요되었다. 그리고 암호기술에 필요한 요건, 평가 방법, 실제의 기술 제안, 이론적 평가, 공정한 하드웨어/소프트웨어 평가 등을 학술 커뮤니티와 연계하여 실시하고 있다. 이와 같은 과정을 거쳐 암호기술의 안전성을 확인할 수 있게 되었다.

② '기반 프로토콜' 레이어

암호기술과 통신을 결합하여 블록체인에 필요한 기본 기능이 안전하게 작동하는 것을 보증하는 레이어다.

블록체인은 데이터의 변경 없이 탈중앙화된 상태를 유지하며 지속적으로 업데이트되어야 한다. 이런 목적을 달성하기 위해 블록의 구성이나, 해시함수의 연쇄 같은 암호학적 요소와 P2P 프로토콜이나 분산 합의 알고리즘과 같은 탈중앙화된 요소를 결합한다. 블록체인에서는 이러한 조합으로 전체의 보안을 유지할 수 있는지 확인할 필요가 있다.

이 레이어에 대해서는 두 가지 학술적인 평가 방법이 있다. 암호기술의 레이어처럼 공격의 가능성이 아주 낮다는 사실을 수학적으로 증명하는 방법과 암호기술이 안전하다고 가정하고 그 결합 방법을 형식적으로 검증하는 방법이다. 이 프레임워크에 대해서는 필자를 비롯한 연구자들이 ISO/IEC 29128Verification of Cryptographic Protocol이라는 형태로 표준화를 추진하고 있다. 블록체인에 대한 적용은 이 책의 집필 시점에서 막 시작된 단계라 할 수 있다.

암호학적 요소에 대해서는 1990년에 발표된 해시체인을 이용한

블록체인의 미해결 문제

암호학적 타임스탬프[4]나 2000년에 발표된 히스테리시스 서명[5] 등의
연구 성과가 있기 때문에 이를 활용할 수 있다. 한편 P2P 프로토콜
과 분산 합의에 대해서는 이 책에서 설명한 것처럼 블록체인에서 활
용 가능한 성질에 대해 아직 정리가 안 된 상태다. 이 두 가지가 결합
된 전체 프로토콜에 대해서도 이제 안전성에 대한 논의가 막 시작되
었다고 할 수 있다.

③ '응용 프로토콜' 레이어

결제 또는 기타 비즈니스 로직을 설계하는 레이어로, 블록체인을
이용하는 애플리케이션의 프로토콜이다. 비트코인에서는 채굴이나
코인의 이동 등이 이에 해당된다. 이용자의 개인정보보호가 애플리
케이션의 요건으로 필수적인 경우는 이 레이어 위에서 개인정보보호
를 위한 설계가 이루어진다. 마찬가지로 자금세탁의 대책 기능이 필
요한 경우에도 이 레이어에서 프로토콜을 설계한다.

참고로 비트코인에서는 채굴이라는 장치를 마련하여 노드가 불
법적인 행위를 하지 않는 인센티브를 설계했다. 즉 다른 레이어인 기
반 프로토콜이 해야 할 보안의 역할도 책임지고 있다고 할 수 있다.

이처럼 비트코인의 설계에서는 보안을 담당하는 레이어를 확실
하게 구분할 수 없다는 사실에 주의해야 한다. 확장성이나 기타 레이
어의 보안 문제를 해결하자는 제안이 '비트코인 커뮤니티의 경제적
인텐시브에 반한다'는 이유로 몇 번이고 부결된 원인 중 하나가 이런

설계에 있다고 할 수 있다.

이더리움 등에서는 이 레이어에서도 형식적인 안전성을 검증하는 계획이 실행되기 시작했다.

◇ ④ '구현' 레이어

①부터 ③의 레이어를 프로그램 코드나 하드웨어에서 구현하는 레이어다.

구현 레이어에는 버그로 인한 취약성이 드러날 가능성이 항상 존재하기 때문에 취약한 부분이 없도록 체크하는 작업이 중요하다. 취약성이 드러나기 어려운 프로그램 처리 시스템을 이용하는 것도 하나의 방법이다. 이것은 보안의 측면뿐만 아니라 개인정보보호에서도 동일하다.

현실에서는 하드웨어/소프트웨어에 관계없이 '구현'에 대한 공격이 존재한다. 전력 소비나 처리 시간 등 암호 처리와 직접 관계가 없는 부차적으로 취득할 수 있는 정보Side Channel에서 암호키를 유추하거나, 하드웨어상의 회로에 의도적으로 데이터를 저장하여 키를 유추하기 위한 정보를 취득하거나Fault Injection, 메모리칩을 저온에서 식혀서 메모리 내에 존재하는 정보의 잔류 시간을 연장하여 정보를 취득하는Cold Boot 등의 공격에 대해 대책을 강구해야 한다.

이 레이어에 관해서는 ISO 15408에 안전성 평가 프레임워크와 평가 방법이 규정되어 있다. ISO/IEC 15408 자체가 굉장히 복잡한

블록체인의 미해결 문제

절차와 기준을 요구하기 때문에 스타트업 기업이 감당하기 쉽지 않다는 지적도 있다. 하지만 비트코인이나 블록체인처럼 막대한 금전적 가치를 취급하는 기술은 이와 같은 프레임워크에 따라 개발이 진행되어야 한다. 그래서 앞으로는 기존의 표준 방식을 얼마나 잘 적용할 수 있을지가 블록체인 개발에서 중요한 문제가 될 것이다.

⑤ '운용' 레이어

암호 시스템 전체를 어떤 방법(사람에 의한 운용도 포함)으로 운용하고 감사할지 결정하는 레이어다.

먼저 시스템의 보안 정책을 결정한 다음, 이 보안 정책을 실제 작업 항목에 적용하고 실현 가능한 형태로 만들어야 한다. 운용은 항상 감사와 함께 이루어지기 때문에 감사 방법도 규정해야 한다. 개선을 위한 PDCAPlan-Do-Check-Action를 어떻게 회전시킬지, 예를 들면 더 다오에서 큰 문제가 되었던 취약성 문제에 대한 대응 등도 이 레이어에 포함된다.

이 레이어의 보안은 ISO/IEC 27000 시리즈 또는 정보 보안 관리 시스템ISMS이라는 형태로 규정되어 있다. 보안 정책은 누군가가 만들어야 하기 때문에 탈중앙화된 커뮤니티가 제대로 정책을 규정하는 것은 무척 어려운 일이다.

각 레이어 사이의 '가정'이
함정이 된다

시스템 전체의 보안을 유지하기 위해서는 이 레이어 구분에 관한 논의를 전제로 두 가지 문제에 대해 생각해봐야 한다.

하나는 '각각의 레이어에서 충분히 보안을 확보하여 취약한 부분이 남아 있는 레이어가 있어서는 안 된다'라는 점이다. 아무리 강력한 암호기술을 사용한다 해도 실제로 구현하는 과정에서 버그가 발생하거나 취약성이 발견된다면 아무런 의미가 없다. 시스템의 운용자가 보안성이 매우 낮은 비밀번호 인증 시스템을 이용하고 있다면 그것이 바로 허점이 되는 것이다.

물론 마운트곡스 횡령 사건처럼 운용자 자체가 제대로 운용을 하지 않아 감사가 기능하지 않으면 그것도 중대한 약점이 된다.

블록체인의 미해결 문제

여담이지만 사토시 나카모토의 논문에 등장하는 비트코인의 오리지널 신뢰 모델은 어디까지나 비트코인 안에서만 작동하는 것으로 기존 화폐와의 교환 등 보안을 담보하는 것은 고려하지 않았다. 즉 암호화폐 거래소에서 어떤 방식으로 보안을 유지하는지는 시스템의 대상 외였던 것이다.

그렇기 때문에 시스템 구현 과정에서 거래소 시스템이 블록체인의 신뢰 모델이 상정하지 않은 중앙집권적인 권력, 이른바 빅 브라더 Big Brother(조지 오웰의 소설 《1984년》에 등장하는 전체주의 국가의 지도자)가 될 가능성도 있다. 시스템의 보안과 탈중앙화의 관련성을 생각할 때 노드의 형태 분류와 노드에 대한 감사 방법에 대한 문제는 피해갈 수 없는 논점이 될 것이다.

다른 하나는 '레이어가 분리되어 있기 때문에 한 레이어의 기술이 다른 레이어에 대해 많은 가정Assumption을 하고 있다'는 점이다. 예를 들면 암호기술의 설계자는 모든 사람이 비밀키를 100퍼센트 안전하게 관리한다고 암묵적으로 가정한다. 암호학은 기밀성, 무결성, 인증을 보장하지 않고 이 역할을 각 이용자의 비밀키 관리 문제에 수학적으로 떠맡길 수 있게 되었다고 표현하는 것이 타당할 것이다.

이 사실 자체는 큰 학술적 성공이지만 시스템 보안이라는 관점에서 보면 비밀키 관리에 굉장히 큰 책임을 지우게 된 것뿐이라고 말할 수 있다. 사실 이와 같은 인식 없이 암호기술을 이용한 제품이나 시스템을 만들어 비즈니스를 하는 예가 적지 않다.

SSL/TLS의 취약성이 드러난 한 가지 예를 소개하겠다. 국제인터넷표준화기구IETF의 SSL/TLS 프로토콜 사양에는 '설계자는 머릿속에서 암묵적으로 인식하고 있지만, 문서화되지 않은' 애매한 부분이 있었다. 이 애매한 부분을 잘못 인식한 다른 사람이 시스템을 구현하면서 취약성이 드러난 것이다.

이처럼 특정 레이어에 대한 모호한 가정이 다른 레이어의 구현자에게 전달되지 않아 시스템에서 보안이 문제가 되는 일은 드물지 않게 일어난다. 그래서 블록체인 기반 시스템 전체의 보안을 관리하고 평가할 수 있는 방법, 그리고 전체적인 평가가 가능한 기술자가 필요한 것이다.

블록체인의 미해결 문제

기존 시스템의 유용한 지혜와
표준을 활용한다

지금까지 블록체인에서 고려해야 할 보안 레이어에 대해서 설명했다. 이미 일반 정보 시스템에서는 이 레이어에 대응하는 시스템이 논의되고 표준화되었다.

암호기술에 대해서는 미국의 표준을 결정하는 NIST가 공모 방식으로 표준암호를 선택한다. 일본에서도 전자정부암호기술검토회 CRYPTREC가 계속적으로 암호기술의 안전성 평가를 실시하고 있다.

암호 프로토콜의 안전성에 대해서는 필자를 중심으로 ISO/IEC 29128에 따른 프레임워크가 만들어졌고, ISO/IEC JTC1ISO/IEC Joint Technical Committee One SC27/WG2에서도 프로토콜 평가와 함께 표준화가 진행 중이다. 시스템 구현에서의 보안은 ISO/IEC 15408과 암호모듈

검증제도Cryptographic Module Validation Program, CMVP에, 운용을 포함한 정보 보안 관리는 ISO/IEC 27000 시리즈에 규정되어 있다.

이와 같은 프레임워크에 적합하도록 만들기 위해서는 노력과 시간이 필요하기 때문에, 현재는 제3자가 시스템의 보안을 검증하고 감사하는 구조로 되어 있다. 하지만 실제 현재 가동되고 있는 사회 기반 시스템의 대부분은 이런 프레임워크에 따라 구축되어 있다. 그런 의미에서 블록체인에서 아주 중요한 키 관리에 대하여 단순히 '하드웨어 지갑이 있으면 괜찮다'는 안이한 생각을 가져서는 안 된다. 사이드 채널 공격도 고려한 표준 프레임워크에 따라 제3자 인증을 거치지 않으면 사회 기반으로 안심하고 사용할 수 없다.

현 시점에 비트코인을 포함한 블록체인 개발에서 문제가 되는 것은 이런 기존의 유용한 지혜를 활용하는 개발 체제가 마련되지 않았다는 점이다. 특히 극단적으로 탈중앙화를 추구하는 비트코인에서는 특정 권위에 의존하는 국제표준에 사상적으로 가까워질 수 없는 부분도 있기 때문에 이대로 이 지혜가 활용되지 않을 가능성도 있다. 하지만 필자는 기존에 표준으로 규정된 정보 보안의 프레임워크와 축적된 지혜가 블록체인의 보안에서 아주 중요한 역할을 할 것으로 기대하고 있다. 커뮤니티에서는 탈중앙화의 의미를 재고하고 빅 브라더가 없어도 시스템을 안전하게 보호할 수 있는 체제를 구축해야 한다.

2017년 1월 26일과 27일에는 미국 스탠포드대학교에서 '블록체

블록체인의 미해결 문제

인 프로토콜 분석과 보안 공학 2017Blockchain Protocol Analysis and Security Engineering 2017'이라는 국제회의가 개최되어 블록체인의 보안에 관한 논의가 이루어졌다. 이 회의는 2018년에도 1월 24일부터 26일까지 개최된다.

ISO에도 블록체인에 관한 전문위원회인 TC307이 설치되어 2017년 4월부터 본격적인 활동을 시작했다. 보안, 개인정보보호, 신원확인Security, privacy and identity에 관한 기술 문서를 작성하는 워킹 그룹 2의 발족이 2017년 11월에 도쿄에서 열린 제2회 국제회의에서 결정되었고, 필자가 보안에 관한 기술 문서를 작성하는 프로젝트의 리더가 되었다. 이런 활동을 통해 기존의 표준과 새로운 탈중앙화 시스템 사이를 오가는 다리가 생길 것으로 기대된다.

시스템 전체의 보안 유지는 블록체인도 일반 정보 시스템과 마찬가지로 그 과정이 간단하지 않으며 비용도 쉽게 줄어들지 않는다. 그렇기 때문에 이 새로운 탈중앙화 시스템에서 지금까지 축적된 유용한 지혜를 활용하는 것은 블록체인이 진정으로 세상을 바꾸는 기반이 되는 중요한 과정이 될 것이다.

세계와 일본의 블록체인

하야시 다쓰야

주식회사 레피덤 대표이사
게이오기주쿠대학교 SFC 연구소 연구원

제12장에서는 블록체인 기술을 둘러싼 세계적인 조류와 이를 고려한 일본의 상황에 대해 관계자가 아닌 제3자의 시점에서 바라볼 것이다.

어디까지나 블록체인 기술의 시점에서 전체의 모습을 파악하는 것이 목적이다. 그래서 앞으로도 계속 뉴스 등에서 보게 될 암호화폐 거래, 비트코인의 경제적인 측면, 각각의 제품 등은 언급하지 않을 것이다. 참고로 제12장은 2017년 11월 중순의 상황을 기술한 것이다.

전 세계에서는 어떤 논의가 이루어지고 있는가

전 세계에 큰 영향을 미친 비트코인이 보급되면서 암호화폐, 블록체인, 탈중앙화De-Centralized, 분산원장Distributed Ledger 등의 기술적인 키워드를 자주 접할 수 있게 되었다.

그리고 '핀테크'라 불리는 금융의 기술 혁신의 움직임은 비트코인을 받아들이면서 보다 큰 지원군을 얻게 된다. 지금도 특히 일본에서는 비트코인 및 블록체인이 핀테크 관련 화제에서 종종 등장한다. 하지만 실제 블록체인 기술의 적용 영역은 핀테크에 한정되지 않는다. 이 부분에 대해서는 다른 장에서 충분히 설명되었을 것이다. 정리하자면 블록체인은 보다 넓은 영역에서 지금까지 생각하지 못했던 행위를 실현할 가능성이 있는 기술이라고 봐야 할 것이다.

세계적으로 보면 블록체인은 IT의 새로운 인프라나 기반이라는 시점에서 몇 가지 국제표준, 사실상/포럼 표준 등의 분야에서 화제가 되고 있다. 순수한 표준화 단체는 아니지만 2015년 12월 리눅스 재단Linux Foundation에서 하이퍼레저 프로젝트Hyperledger Project를 출범시킨 뉴스가 큰 주목을 받았다. 그 후 이 프로젝트는 하이퍼레저 패브릭Hyperledger Fabric 등의 오픈소스를 공개했고 블록체인의 세계에서 크게 약진했다.

웹 기술 관련 표준화 단체인 월드와이드웹 컨소시엄World Wide Web Consortium, W3C은 '블록체인과 월드와이드웹−인터넷에서의 분산원장에 관한 W3C 워크숍Blockchain and the Web - A W3C Workshop on Distributed Ledgers on Web -'을 개최했다. 인터넷 표준화 단체인 국제인터넷표준화기구Internet Engineering Task Force, IETF 에서도 미국의 리플Ripple이 제안한 프로토콜인 ILPInter Ledger Protocol 에 관한 세션LEDGER BoF 을 마련했다(정확하게 말하자면 블록체인이 아니라 ILP에 관한 내용으로 한정되었다).

그 후 이와 같은 일들을 계기로 W3C와 IETF에서도 블록체인에 관한 몇 가지 시도가 있었다. W3C에서는 결제를 중심으로 한 관련 활동이 이루어지고, IETF의 사전연구기관인 IRTFInternet Research Task Force 에서는 dinrgDecentralized Internet Infrastructure Proposed RG 의 설립이 제안되는 등 서서히 표준화를 향한 움직임이 늘어나고 있다(dinrg의 논의가 예정되어 있던 2017년 11월의 IETF 100 싱가포르 회의는 취소되었다).

이 외에도 ISO의 TC307과 국제전기통신연합 전기통신표준화부

문ITU-T 의 FG DLTFocus Group on Application of Distributed Ledger Technology 가 각각 만들어 지는 등 국제적인 협조와 표준화의 움직임이 계속 이어지고 있다. 물론 이 배경에는 비즈니스적인 이유도 있을 것이다. 하지만 블록체인이 일회성으로 끝나서는 안 되며 표준화되어야 한다는 인식을 전 세계가 공유한 것이 무엇보다 큰 의미가 있다고 할 수 있다.

블록체인에서는 비상용 '포크'가 자주 사용된다

이 표준화 논의와 마찬가지로 블록체인의 응용에 큰 영향을 주는 관리상의 문제인 '포크Fork'가 비트코인을 비롯한 전 세계의 개발 커뮤니티에서 물의를 일으키고 있다.

'포크'란 공개된 소프트웨어를 분기Fork 시켜서 새로운 프로덕트 또는 커뮤니티로 독립시키는 움직임을 가리키며, 주로 오픈소스 소프트웨어OSS에서 일어난다. 커뮤니티의 입장에서 보면 '갈라져 나온 줄기'와 같은 이미지일 것이다.

OSS 분야의 포크는 관리 또는 통제를 위해 비상용으로 준비된 것이다. 일반적으로는 포크를 어떻게든 피하고 커뮤니티 내부에서 해결하려 한다. 즉 실제로 포크가 일어나는 상황은 커뮤니티 내에서

블록체인의 미해결 문제

의 합의가 결렬된 경우가 대부분이다.

OSS의 경우 대부분이 자유롭게 개발하고 이용할 수 있는 라이선스Free/Libre and Open Source Software, FLOSS다. 여기에 소프트웨어의 '거의 무료로 복사 가능'한 특성이 합쳐지면 간단하게 포크가 가능하다. 그래서 커뮤니티의 건전성이 훼손된 경우는 방침에 동의하는 동료와 함께 포크를 실행함으로써 소프트웨어의 이용자에게 큰 부담을 주지 않으면서 소프트웨어의 커뮤니티와 개발을 이어갈 수 있다.

OSS의 세계에서 자주 사용되는 포크의 예로는 GCCGNU Compiler Collection 와 EGCSExperimental/Enhanced GNU Compiler System가 있다. 이 둘은 나중에 재통합되는 예로도 유명하다. 이 이외에 OSS의 오피스 스위트Office Suite 로 유명한 오픈 오피스Open Office 나 리브레 오피스Libre Office 도 포크의 예라 할 수 있다. 비트코인에서도 비트코인 XT, 비트코인 클래식, 비트코인 캐시, 비트코인 골드 등의 포크가 제안되었다. 이외에 더 다오 해킹 사건 후에 이더리움의 하드포크/소프트포크 논의도 있었다.

블록체인의 문맥에서는 포크가 각각의 장부의 분기라는 의미도 가지고 있다. 정확히 말하자면 장부에 대한 영향력을 가진 시스템 구현자 커뮤니티의 포크이지만, OSS의 '소프트웨어 구현의 포크'와 이미 실제로 운용되고 있는 '장부의 포크'가 사실상 같은 의미를 가지게 된 것이다.

이더리움의 하드포크/소프트포크 문제는 본래 커뮤니티의 분기가 아니라 이미 확정된 장부와 그 장부와 연관된 결과를 버리고 과거의 특정 시점에서 분기한 새로운 줄기를 정당한 장부로 삼는다는 점에서 커뮤니티와 소스 코드가 아니라 '장부의 포크'라고 할 수 있다. 하지만 이를 용납하지 않는 커뮤니티 내의 사람들이 '이더리움 클래식'이라는 커뮤니티/소프트웨어의 포크를 실행했다. 본래는 되돌릴 수 없는 분산원장의 특징 때문에 블록체인의 세계에서는 이 포크라는 행위가 빈번하게 일어나는 경향이 있다.

비트코인에서도 장착하는 기능의 유무 문제로 커뮤니티와 장부에서 포크를 실행한 결과 비트코인 캐시가 탄생했다.

블록체인의 미해결 문제

미숙한 비트코인 커뮤니티

어디까지나 개인적인 의견이지만 포크의 이야기가 자주 들리는 상황은 그 커뮤니티의 성숙도가 낮다는 것을 보여주는 것이라 생각된다. 앞서 소개한 FLOSS/OSS의 세계와 IETF, ISOC, ICANN, IGF 등의 인터넷 관련 단체에서는 포크 또는 그것에 가까운 일이 일어나면서(후에 상처를 남긴 경우도 포함) 많은 시행착오를 겪었다. 그 과정에서 단체의 담당 영역, 운용 정책, 행동규범Code of Conduct 등이 결정되었다.

하지만 이런 과정이 충분하다고는 할 수 없다. 그래서 첫째, 보안과 같이 정보의 취급이 어려운 분야의 체제 마련, 둘째, 개인정보보호가 굉장히 중요한 분야의 합의 형성, 셋째, 오픈SSL과 같이 OS에 가까운 기반 기술과 관련된 지속가능한 조직 마련 등을 추진하는 중이지만, 아직 시행착오를 겪고 있는 상황이다.

블록체인은 아주 새로운 흐름이며 과거에 얽매이지 않는다는 점이 큰 매력이다. 블록체인이 역사가 깊은 금융 분야에서 핀테크의 발전에 크게 도움이 된 것은 금융 분야의 뿌리 깊은 장애물을 제거했기 때문이라는 의견도 있다. 그런데 블록체인의 영역에 갑자기 많은 이용자가 생기고 동시에 비즈니스 시장이 형성되면서 대량의 자금이 유입되었다. 그 결과, 미성숙한 상태로 난립하던 커뮤니티는 감당할 수 없는 것들을 짊어지는 상황이 되었다. 앞으로 블록체인 커뮤니티는 다른 조직의 역사에서 교훈을 얻어 성숙한 커뮤니티로 거듭나야 한다.

앞으로도 포크는 계속 일어날 것이다. 매일 변화하는 구체적인 사항은 인터넷의 각 사이트에서 확인하는 편이 더 정확한 최신 정보를 얻을 수 있기 때문에 여기서는 별도로 소개하지 않겠다. 하지만 지금은 커뮤니티가 성숙해가는 과정이라는 사실은 기억해두자. 과거의 인터넷, OSS 커뮤니티조차 역사적으로 보면 아주 짧은 시간밖에 경험하지 못했다. 이런 상황에서 비트코인 커뮤니티는 아직 경험이 부족하고, 비트코인의 기반 기술에는 '탈중앙화'라는 아주 어려운 특징이 있다. 그렇기 때문에 앞으로 분명 커뮤니티와 거버넌스라는 두 가지 측면에서 성숙해가는 과정이 아주 중요할 것이다. 그리고 표준화의 흐름을 비롯한 국제적인 협조라는 관점 역시 블록체인 기술에서 아주 중요한 부분이다.

전 세계 블록체인 비즈니스의 동향

기술 커뮤니티의 형성과 규칙에 대한 합의에서 기술의 활용 분야는 중요한 요소다. 극단적으로 이야기하자면 인터넷, 웹, ISO, ITU-T에서는 각각 뛰어난 분야와 전문 분야가 다르기 때문에 전문가의 특성도 다르다.

현재 블록체인 비즈니스의 동향은 크게 두 가지로 나눠볼 수 있다. 하나는 최신 유행에 따라 흐름을 타는 것이다. 다른 하나는 블록체인의 특징을 잘 활용하여 완전히 새로운 것을 만드는 것이다. 물론 딱 잘라 어느 한 쪽이라고 말하기 힘든 경우도 많다. 특히 후자가 사람들의 관심을 고려하는 경우도 적지 않다.

블록체인은 암호화폐로서의 기대치가 굉장히 높지만, 그 이외의 분야에서도 기대가 크다. 특히 비즈니스에서 응용이 기대되는 분야 중 하나가 계약을 프로그램 형태로 만들어 블록체인 위에서 자동적으로 실행하는 스마트 계약Smart Contract이다. 널리 공개되어 투명성이 높은 분산원장 위에서 특정 조건이 충족되면 노드끼리 자동적으로 계약을 처리하고 그 처리 결과를 연속적으로 이어가는 것이다. 이처럼 다양한 행위를 블록체인 위에서 실행할 수 있다.

일반적으로 널리 알려진 스마트 계약의 이점으로는 계약 행위에 필요한 진정성, 추적가능성Traceability, 세3사에 의한 보증 등을 C2C(소비자 간 거래)의 문맥에 적용할 수 있다는 점이다. 또한 '똑똑한 계약'이라는 이름 그대로 자동적으로 처리된다는 점도 매력적이다. 물론 스마트 계약이 제대로 실행되려면 계약을 기계가 읽을 수 있도록 프로그램화해야 하며 계약에 필요한 처리가 과부족 없이 이루어져야 한다. 더 다오는 이런 시도를 한 대표적인 사례라 할 수 있다.

분산원장의 활용 방법으로 권리나 소유 관계를 블록체인 위에 기록하고 관리하는 '스마트 소유Smart Property' 또는 '프로비넌스Provenance'라 불리는 분야가 있다. 비트코인과 마찬가지로 권리의 양도·이동도 가능하다. 유명한 사례로는 '컬러드코인Colored coin'이나 '오픈 에셋 프로토콜Open Asset Protocol' 등이 있다.

스마트 소유에서는 개인정보보호가 굉장히 중요한 논점이 된다. 장부를 기록하고 공개하는 이상 어떤 식으로든 소유자를 특정할 수 있는 정보가 기재되기 때문에 당연히 용도에 따라서는 그것을 환영

블록체인의 미해결 문제

하지 않는 상황도 존재한다. 특히 지금까지는 사회적·문화적으로 간단하게 소유자를 확인할 수 없었던 점, 확인하려면 상당한 시간과 수고가 필요했기 때문에 크게 문제시되지 않은 점 등이 문제가 될 가능성도 존재한다. 알기 쉬운 예로 토지의 권리를 들 수 있다. 지금까지는 한 번에 모든 내용을 알기 어려웠던 부분이 드러나면서 마찰이 일어날 수 있다. 이것은 퍼블릭 블록체인의 분산원장적 측면의 과제 중 하나라 할 수 있다.

금융은 블록체인의 주요 활용 분야

금융 분야는 블록체인이 주로 활약하는 무대라 할 수 있다. 물론 비트코인의 영향도 있을 것이다. 과거의 유명한 사례 중 하나로 금융서비스 기술회사 R3과 금융기관으로 구성된 세계 최대 규모의 블록체인 컨소시엄인 R3CEV가 실시한 대규모 실증실험이 있다. 전 세계 50개국 이상의 금융기관이 이와 같은 프라이빗 분산원장 실험에 참가했다.

그런데 2017년이 되어 R3CEV가 "이용하고 있는 OSS 기술 기반인 코다Corda는 블록체인이 아니다"라고 발언하거나 컨소시엄에서 대형 금융기관이 탈퇴하는 등의 사건은 이 분야의 불투명성을 상징한다고 할 수 있다. 한편 주식 분야에서는 미국의 장외 주식시장 나

블록체인의 미해결 문제

스닥이 블록체인을 이용하여 비상장 주식 거래 시스템 나스닥 링크 NASDAQ Linq 프로젝트를 진행 중이다.

금융 분야에서는 많은 시도가 이루어지고 있지만 아직 실증실험이 대부분이다. 최근 크게 '화제'가 되고 있는 측면을 전통적인 분야의 혁신에 이용하는 경우가 많다. 블록체인의 기술적인 특성을 활용한다기보다 실험을 통해 근대적인 시스템으로 교체하려는 의도가 큰 것으로 보인다.

특수한 경우를 예로 들자면, 무역금융 Trade Finance 이라 불리는 분야에서는 신용장 등을 분산원장에 기록하여 업무를 효율화할 수 있다. '서로 먼 곳에 있는 상대끼리 어떻게 신뢰와 가치를 확인하고 교환할 수 있는가'가 문제가 되는 굉장히 비용이 많이 드는 영역에서 분산원장의 특성을 효과적으로 활용할 수 있으리라 기대된다.

비트코인에서는 송금할 대상을 비트코인 어드레스라는 형태로 식별하고 공개키 암호로 송금처를 인증한다. 이 점에서 신원 확인 ID 기술과 블록체인의 친화성이 높다는 시각도 다수 존재하며, 블록체인을 ID 관리와 인증에 응용하는 시도도 있었다. 예를 들어 분산원장을 사용하여 분산 세션을 관리하는 응용 분야에서는 미국의 스월즈 Swirlds 가 개발한 해시그래프 Hashgraph 라는 블록체인의 변종이라고 할수 있는 방법이 주목을 받고 있다. 해시그래프는 최근에 SDK(소프트웨어 개발 키트)가 공개되었기 때문에 아직 불명확한 점도 많다.

이 외에도 마이크로소프트는 미국의 블록스택 랩스 Blockstack Labs

및 콘센시스Consensys와 연계하여 블록체인 기술을 이용한 ID 관리 시스템을 실현한다는 계획을 발표했다. 이것은 유엔UN의 '지속가능한 개발을 위한 2030 어젠다'에 맞춰서 발표된 것으로, 블록체인 기술을 사용하여 조직을 넘어선 전 세계적인 오픈소스 ID 시스템을 만들어 법적인 신분증명이 불가능한 사람들(화재 피해자, 난민 등)에 대한 인권 범죄를 해결하는 수단으로 이용한다는 생각이다.

단, 이것은 굉장히 특수한 경우다. 일반적인 ID 관리 분야에서는 관리를 위한 중앙집권적인 기능이 요구되는 경우가 대부분이며, 블록체인과의 결합이 기존 기술보다 기술적으로 우위성을 가지는 경우는 한정적이다.

블록체인 기술을 쉽게 이용할 수 있도록 플랫폼 제공을 준비하는 경우도 있다. 이더리움이 그 대표적인 예다. 마이크로소프트는 클라우드 컴퓨팅 플랫폼 애저Azure 위에서 블록체인을 시험적으로 사용할 수 있는 BaaSBlockchain as a Service를 시작하여 이더리움이나 텐더민트Tendermint를 비롯한 다양한 블록체인 기반을 제공하고 있다. 그리고 '프로젝트 블레츨리Project Bletchley'라는 이름으로 블록체인 기술의 빌딩블록의 제공도 추진 중이다.

일본에서는 서버 호스팅 업체인 사쿠라 인터넷이 프라이빗 블록체인 '미진mijin'을 이용한 실증실험 환경을 제공하는 등 클라우드 서비스 제공자가 블록체인의 영역에 진입하는 경우가 앞으로도 늘어날 것으로 보인다.

블록체인의 미해결 문제

이 외에도 '빅체인DB_{BigchainDB}'와 같은 분산형 스토리지로의 발전, '레그테크_{Regulatory Technology, RegTech}'라 불리는 규제 분야에서의 응용 등이 있다. 레그테크에서는 금융 분야의 KYC_{Know Your Customer}라 불리는 고객의 본인 확인 관련 법규제에 대해 대응 비용을 낮추는 방법이 주로 논의되고 있다.

일본에서 이루어지는 논의는 핀테크와 프라이빗 블록체인에 한정된다

그렇다면 일본의 상황은 어떤가? 일본에서도 암호화폐 교환소, 암호화폐, 블록체인 관련 스타트업 기업이 다수 존재한다. 핀테크와 관련해서도 금융 분야에서의 활용이 큰 관심을 모으며 실증실험에 관한 뉴스가 각종 매체의 지면을 장식하고 있는 상황이다. 최근에는 열기가 조금 식은 듯한 느낌도 들지만 아직은 열광적인 상태라 할 수 있다. 집필 시점에서는 ICO 관련 뉴스가 화제의 중심에 있지만, 아직은 법적인 과제가 산적해 있는 상황이다.

이런 일본의 움직임은 세계적인 동향과 비교하면 확실히 아주 한정된 움직임으로 보인다. 일본의 블록체인 응용 기술은 이른바 핀테크적인 카테고리에 속하는 경우가 대부분이다. ICO도 특별히 일

블록체인의 미해결 문제

본에서 시작된 것은 아니기 때문에 일본이 움직임의 중심에 있는 영역은 현 시점에서는 찾아볼 수 없다.

일본과 다른 해외에서 특히 온도차가 크게 느껴지는 영역은 프라이빗 블록체인이다. 비즈니스에서도 학술 분야에서도 전 세계가 집중적으로 논의하고 있는 분야는 비트코인이나 이더리움과 같은 퍼블릭 블록체인이지만, 일본에서 화제가 된 대부분의 블록체인은 프라이빗 블록체인이다.

이것은 블록체인으로 해결하려는 과제와도 관련이 깊다. '탈중앙화'는 블록체인에서 아주 중요한(개인적으로는 가장 중요한) 요소다. 하지만 프라이빗 블록체인은 특정 운영자가 관리를 하기 때문에 '중앙'이 존재한다. 다시 말해 암묵적으로 블록체인의 중요한 요소를 지워버리고 이용하는 것이 된다(탈중앙화라는 요소는 포크 관련 주제에서도 설명했듯이 현실적으로 어려운 부분이 분명 있다. 그런 의미에서도 이것은 중요한 초점 중 하나가 된다).

다양한 시도 가운데 분산 데이터베이스 대신 '부품'이나 '요소'로 블록체인을 사용하는 경우도 많다. "그것은 이더리움에서는 실현할 수 없습니까?"라는 질문이면 그나마 낫겠지만 "그것은 관계형 데이터베이스RDB나 분산형 데이터베이스로는 실현할 수 없습니까?"라고 물어보고 싶은 개념도와 구조도를 몇 번이나 보아왔다. 복수의 조직에서 정보를 공유하기 위해 굳이 블록체인을 사용하려는 예가 전형적이라고 할 수 있다.

일본에서는 블록체인에 정통한 전문가와 개발자 부족 문제도 심각하다. 물론 세계적으로 봐도 인재가 부족한 상황이지만, 일본인으로만 제한하지 말고 외국의 엔지니어도 영입한다면 선택지가 크게 늘어날 것이다. 국제적인 기술 회의 등에 참가하는 일본인이 거의 없는 상황에서 원래대로라면 최우선적으로 고려해야 할 절호의 고용 기회다. 이런 상황도 블록체인의 특성을 잘 살린 실험이 많지 않은 이유 중 하나라 생각된다.

물론 해시함수나 시명을 비롯한 암호기술, P2P 통신 프로토콜 스택, 트랜잭션의 일치를 실현하는 소프트웨어 전체의 설계 등은 고도의 전문성을 요하는 영역이기 때문에 쉽게 도전하기 힘들다. 그래서 다양한 영역의 전문가가 필요한 것이다.

'세계적으로 정해진 표준을 그대로 사용하면 된다. IT의 세계는 그것이 가능하다'라는 '타임머신 경영(소프트뱅크 손정의 회장이 인터넷 버블 시대에 주장한 해외에서 성공한 최첨단 비즈니스 모델을 국내에 재빠르게 도입하여 이익을 얻는 경영 전략)'적인 의견도 있다. 물론 비용 대비 효과라는 측면에서는 이런 판단도 가능하겠지만 세계적인 네트워크를 통해 사회를 변화시키는 블록체인이라는 분야에서 2위를 목표로 하는 자세로 비즈니스의 우위성을 확보할 수 있을지는 의문이다. 과거 인터넷 비즈니스의 세계에서도 세계를 바꿀 만한 변화는 그저 기다리기만 해서는 손에 넣을 수 없었다.

기회를 놓치지 않고
뒤처지지 않기 위해

이상의 내용은 일본과 다른 나라들 간의 온도차를 강조하기 위함이기도 하지만, 실제로 일본에서 조사를 해본 사람이라면 이런 현실을 강하게 인식하고 있을 것이다. 영문 자료를 바탕으로 논의를 진행하고 영문으로 과제와 불만사항을 작성한다. 즉 최신 정보를 원하는 사람들은 결국 하는 수 없이 해외의 활동을 조사해야 한다. 인터넷을 전제로 하는 블록체인 기술의 무대는 국제적일 수밖에 없기 때문에 국내에 국한된 활동으로는 무리가 있다.

앞서 설명한 ISO의 TC307 회의가 도쿄에서 개최되는 등 국제적인 기회를 접할 기회도 점점 늘어나고 있다. 일본의 뛰어난 정보 발신의 일례로는 일본 거래소 그룹JPX이 공개한 일련의 워킹페이퍼(영문 포함)가 있다. 이것은 금융 인프라로서의 분산원장이라는 시점에서 실증실험을 실시한 굉장히 좋은 리포트라고 평가받고 있다. 주된 내용은 기술적인 면의 검증이지만, 블록체인의 특성에 관한 부분은 비즈니스 영역에서도 크게 참고할 만하다.

사회에 보급되었다고 할 수 있는 블록체인 기술은 현 시점에서 비트코인밖에 없다. 단순한 가치의 이동이라는 측면만 봐도 비트코인의 영향은 아주 크다. 블록체인이라는 관점에서 이 책에서 소개한 응용 사례를 냉정하게 바라보면 아직 다양한 영역에 가능성이 남아 있다는 사실을 알 수 있다. 또한 비트코인이 그랬던 것처럼 당연히 기존의 영역이 아닌 새로운 무언가가 등장할지도 모른다.

본래 '원장(장부)'이라는 개념과 그 유용성은 일원화, 즉 물리적으로 단일한 '원장'에 기록된다는 점에서 나온 것이다. 그 전제를 뒤집는 '분산원장'이 혁신적이라는 것은 틀림없는 사실이다. 그런데 이런 원장의 편의성과 원장이 분산되어서 생긴 편의성 양쪽의 장점을 모두 살리는 아이디어는 전 세계를 둘러봐도 아직 아주 한정적인 것 같다. 물론 우리의 발상이 빈곤하기 때문이라는 설명도 충분히 가능하다. 이런 가능성을 품은 채 적어도 현 시점에서 일본의 블록체인 업계는 국제적으로 존재감을 드러내지 못하고 있다.

비트코인, 암호화폐 그리고 블록체인으로 이어지는 일련의 흐름은 시대의 변곡점을 강하게 의식하게 만들 만큼 강렬하고도 매력적이다. 그런데 이런 흐름을 과도하게 의식하면 오히려 본질을 잊어버

블록체인의 미해결 문제

리게 된다. 그 결과 시장을 잃어버리는 일도 이제까지 많이 벌어졌다.

인터넷과 동일하거나 그 이상의 규모와 가능성을 가지게 될 '기반 기술'로서의 블록체인에서 주류가 될 수 있을지는 아직 미지수이지만 이해관계자가 될 가능성은 충분하다. 지금 필요한 것은 시야를 넓혀 큰 규모에서 생각하고 세계를 무대로 활동하는 것이다.

미지의 가능성을 가진 블록체인의 세계에서 과연 무엇이 가능할까? 우리는 블록체인 기술의 본질을 꿰뚫어봐야 할 지점에 서 있다.

제13장

세계는 어떻게
움직이고 있는가

마쓰오 신이치로

조지타운대학교 교수
MIT 미디어 연구소 소장 리에종(연계 지원, 금융암호)

블록체인의 개념을 다시 정리해보자면 '신뢰할 수 있는 운영자를 두지 않는 탈중앙화된 신뢰 모델'에서 '권리나 가치 등의 상태를 기록'하고 '계약이나 거래 등을 실행'하는 기반이다. 이런 블록체인의 기술적인 사상과 개념은 경제적 또는 사회적 활동에서 신뢰할 수 있는 운영자의 존재를 가성하지 않아도 되는 세계를 목표로 한다. 그런데 비트코인에서조차 그 기술적인 사상이 완전히 실현되지는 않았다.

비트코인에서 기반 기술인 블록체인을 분리하여 보다 폭넓은 분야에서 응용하려고 할 때 응용에 필요한 기술 요건에 비해 현재의 블록체인 기술은 무력하다고 말할 수밖에 없다.

현재 전 세계의 블록체인 기술자와 연구자가 블록체인의 근본적인 과제 해결에 나서고 있다. 또한 사회 기반으로 이용하기 위해 꼭 필요한 표준화의 움직임도 시작되었다. 제13장에서는 블록체인 기술의 성숙도를 높이기 위해서 세계의 선두주자들이 어떤 움직임을 보이고 있는지에 대해 소개하도록 하겠다.

다시 한번 현재 블록체인의 성숙도를 생각하다

이 책에서는 비트코인을 중심으로 본래 기술적 사상의 목표에 비춰봤을 때의 블록체인의 과제에 대해 다양한 각도에서 소개했다.

이런 과제의 배경에 있는 블록체인의 특징 중 특히 흥미로우면서도 어려운 것은 블록체인의 다양한 사양과 성질이 상충관계에 있기 때문에 모든 성질을 향상시키는 것이 간단하지 않다는 점이다.

블록체인의 탈중앙화라는 특징은 편향되지 않은 다수의 노드가 있어야 실현 가능하며 노드의 수가 많을수록 탈중앙적인 면이 더 강화된다. 그런데 노드를 늘리기 위해서는 노드가 데이터를 저장하는 장치에 드는 비용을 낮출 필요가 있으며(그렇지 않으면 돈이 있어야만 노드를 운영할 수 있게 된다) 필연적으로 블록의 크기도 작아져야 한다.

또한 노드가 많으면 '합의(블록체인의 합의는 아직 확실히 정의되지 않았지만)'에 필요한 처리가 늘어난다. 그 결과로 확장성과 성능은 떨어질 것이다. 보안과 개인정보보호 기능을 향상시키면 그만큼 성능과 편리성이 나빠지며 이용자의 수고와 책임이 늘어난다. 수고와 책임이 커지면 노드의 수가 줄어들고 탈중앙적 특성이 사라지게 된다.

이와 같은 상충관계는 블록체인 기술의 적용 범위를 넓힐 때 꼭 짚고 넘어가야 하는 부분이다. 만일 비트코인보다 고속으로 작동하는 블록체인 기술이 존재한다면 속도 대신에 다른 중요한 특성이 희생되었을 가능성이 높다. 기술적 제약에 관한 지식을 바탕으로 생각하면 확장성 문제는 간단하게 해결되지 않을 것이다.

비트코인처럼 블록 크기가 1MB이고 블록 갱신이 10분마다 이루어지는 사양은 상충관계 속에서 기술적 사상을 충족시키는 균형을 생각했을 때 현 시점에서 가장 절묘한 상태라 할 수 있다. 반대로 말하자면 보다 넓은 분야에서의 응용을 생각하는 경우는 특정 사양이 걸림돌이 되는 것이다.

현재 블록체인을 사용하면 혁신적인 시스템을 만들 수 있다는 기사가 매일처럼 쏟아지고 있다. 이것은 인터넷이 통신의 탈중앙화를 선도하여 다양한 생태계를 만들어낸 경험을 바탕으로 생각한 것으로, 지금은 다양한 아이디어가 나오고 있는 단계라 할 수 있다. 이 자체가 블록체인이 가져올 미래를 구상한다는 점에서는 매우 유익하다. 지금부터 이리저리 머리를 굴려봐야 할 것이다.

하지만 제일 중요한 블록체인, 특히 퍼블릭 블록체인처럼 탈중앙화를 중요시하는 체인은 그 정도의 성능을 가지고 있지 않다. 인터넷을 예로 들자면 1990년 정도의 수준으로 백본Backbone은 T1(1.5Mbps)의 회선, 말단은 2400bps 모뎀으로 구축한 네트워크상에서 수십억 개의 디바이스를 연결하여 동영상 서비스와 SNS를 작동하려는 수준이다.

현재의 블록체인은 다양한 정보를 원하는 대로 기록할 수 있을 정도의 여력이 없다. 그렇기 때문에 우선 필요한 것은 블록체인 시스템의 강화다. 그리고 그것은 수년 내에 끝낼 수 있는 것이 아니다. 인터넷도 당초에는 확장성이 없다고 했지만 다중화와 물리층Physical Layer의 기술 개발 등으로 비약적으로 성능이 향상되면서 현재에 이르렀다. 여기에는 무어의 법칙Moore's law(마이크로칩의 집적도가 2년마다 2배씩 커진다는 법칙) 등도 한 역할을 했다.

블록체인의 경우 확장성을 높이려면 다음과 같은 돌파구가 필요하다.

- 보조기억장치가 극적으로 저렴해진다.
- 인터넷의 통신 속도가 빨라진다.
- 인터넷상 분산 처리의 동기화 성능이 향상된다.
- 블록체인에 필요한 장애 모델을 충분히 마련하여 보다 현실적인 합의 알고리즘을 만든다.

- 라이트닝 등의 오프체인 프로토콜이 확실히 준비된다.

하지만 위와 같은 기술 개발을 '포스트 무어의 법칙'의 시대에 추진하기란 쉽지가 않다. 또한 수학에 의존하는 부분은 무어의 법칙처럼 확장성이 없다는 점에도 주의해야 한다. 물론 프라이빗 블록체인과 같이 신뢰할 수 있는 제3자를 가정할 수 있는 용도로 사용한다면 블록체인 성능의 향상도 어렵지 않다. 이미 다양한 응용에 대한 구상과 실증실험이 진행 중이다.

하지만 이런 경우에는 애초에 블록체인을 사용할 필요가 있는지에 대한 의문이 남는다. 예를 들어 1990년에 고안된 블록체인과 비슷한 링킹 방식의 타임스탬프를 채택하여 타임스탬프 서버를 다중화한 상태에서 비잔틴 장애는 고려하지 않고 고장 장애만 고려한 합의 알고리즘을 이용하는 시스템으로도 충분하지 않을까? 이 점에 대해서도 충분히 검토할 필요가 있을 것이다.

블록체인의 미해결 문제

세계의 기술개발은 사상의
실현을 위한 기반 분야에 집중되어 있다

2017년 1월 30일과 31일 샌프란시스코에서 '컨스트럭트 2017Construct
2017'이라는 블록체인 개발자 한정 초대 이벤트가 열려 미국을 중심으
로 최고 수준의 블록체인 개발자가 한자리에 모였다.

필자는 블록체인의 오픈소스 프로젝트인 '하이퍼레저 프로젝트'
의 이그제큐티브 디렉터 브라이언 벨렌도르프Brian Behlendorf, 이더리움
의 핵심 개발자 블라드 잠피르Vlad Zamfir, MIT 디지털 커런시 이니셔티
브Digital Currency Initiative의 리서치 디렉터 네하 나룰라Neha Narula와 함께 패널
토론에 참가했다. 이 세션의 큰 주제는 블록체인 프로토콜을 학술적
인 관점에서 분석·비교한 결과를 어떻게 엔지니어에게 환원할 수 있
을지에 관한 것이었다.

논의에서는 작업증명Proof of Work, PoW과 지분증명Proof of Stake, PoS이라는 두 가지 채굴 방식의 비교부터 시작하여 블록체인의 신뢰 모델, 개인정보보호 문제, 블록체인이 가진 본래의 기술적 사상, 블록체인의 확장성까지 여러 주제에 대해 의견을 나눴다.

이와 같은 주제는 학계뿐만 아니라 개발자들에게도 가장 큰 관심사다. 청중으로 온 개발자에게 "블록체인을 다양하게 응용할 때 걸림돌이 되는 것은 무엇이며, 어느 정도 지나면 해결할 수 있습니까?"와 같은 핵심적인 질문도 받았다.

패널들이 입을 모아 이야기한 것은 "문제는 확장성과 개인정보보호다. 해결하려면 5년 이상이 걸린다"는 것이었다. 확장성은 앞서 설명한 그대로다. 개인정보보호에 관해서는 국가별로 개인정보에 대한 개념이 다르기도 하기 때문에 개인정보를 취급하는 프레임워크를 구축하는 데 많은 노력이 필요하다. 하지만 블록체인의 중요한 특성을 희생하여 이와 같은 문제를 해결하자는 의견은 나오지 않았다.

이 초대 이벤트의 전주인 2017년 1월 26일과 27일에는 스탠포드 대학교에서 '블록체인 프로토콜 분석과 보안 공학 2017Blockchain Protocol Analysis and Security Engineering 2017'이라는 국제회의가 열렸다. 연구자와 개발자가 한자리에 모인 이 국제회의에서는 블록체인 기술의 보안 향상에 관한 다양한 발표와 논의가 이루어졌다. 여기에서도 향후 블록체인의 활용이나 구상과 같은 말로만 떠드는 논의가 아니라 블록체인을 정상적으로 발전시킬 방법에 관한 논의가 이루어졌다. 이 회의는

블록체인의 미해결 문제

2018년 이후에도 매년 스탠포드대학교에서 개최될 예정이다. 2018년에는 1월 24일부터 26일까지 열린다.

세상에는 블록체인을 이용한 새로운 서비스를 앞세운 스타트업 기업도 적지 않게 존재한다. 하지만 적어도 세계적인 블록체인 기술 개발은 블록체인 본래의 성질을 훼손시키지 않으면서 미래의 기반 기술로 확립하는 방향으로 나아가고 있다.

가속화되는 학계와의 협력

앞서 말한 국제 콘퍼런스와 같은 개발자 커뮤니티와 학계의 연계는 2015년쯤부터 시작되어 2016년부터 가속화된다. 이 배경에는 비트코인 및 블록체인 개발의 특수성이 있다.

인터넷의 경우, 1970년의 아르파넷ARPANET 등장부터 1995년에 상용화되기까지 아주 오랜 시간 미국의 대학을 중심으로 학계 사람들이 기술을 확인하면서 발전시킨 역사가 있다.

일반적으로 기술은 먼저 학계에서 연구가 진행되고 확실해지면 학계와 기업이 공동으로 기술을 구현한다. 그 다음 뛰어난 기술의 표준화가 이루어지고 마지막에 비즈니스로 이어진다. 이것이 정상적인 진화의 형태이며, 인터넷처럼 사회 기반이 된 기술이라면 반드시 거

블록체인의 미해결 문제

처야 할 단계라고 할 수 있다.

하지만 비트코인의 경우, 2008년에 사토시 나카모토의 논문이 발표되고 바로 참조구현Reference Implementation(다른 사람들이 특정표준을 쉽게 구현할 수 있도록 해당표준을 구현한 샘플 프로그램)이 나왔고, 이를 바탕으로 바로 비즈니스가 시작되었다. 기술 발전에 필요한 학술 활동과 표준화가 이루어지지 않은 채 과정이 진행된 것이다. 그 결과, 이 책에서 지적한 과제는 그대로 남겨진 채 비즈니스가 확대되고 있다(도표 13-1).

학계와의 연계가 시작된 계기는 확장성 문제였다. 2014년에 확장성 문제의 심각화와 비트코인 가격을 둘러싼 이해관계의 대립으로 블록 크기의 변경을 단순한 기술론으로는 해결할 수 없게 되었다. 그

[도표 13-1] 인터넷과 비트코인에서 알 수 있는 기술 발전의 차이

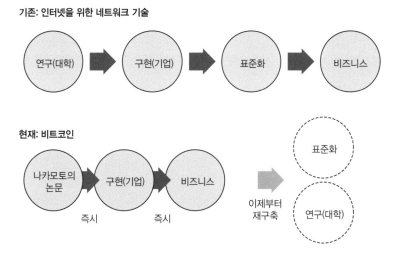

기존: 인터넷을 위한 네트워크 기술

연구(대학) ➡ 구현(기업) ➡ 표준화 ➡ 비즈니스

현재: 비트코인

나카모토의 논문 ➡ 구현(기업) ➡ 비즈니스 ➡ 이제부터 재구축 → 표준화 / 연구(대학)

즉시   즉시

래서 암호, 보안, 네트워크, 경제학 등 다양한 배경을 가진 학계 사람들과 함께 검토하게 된 것이다.

그 결과 2014년 9월에 몬트리올에서 제1회 '비트코인의 확장성 Scaling Bitcoin' 워크숍이 개최되었고, 같은 해 12월에는 홍콩에서 제2회 회의가 열렸다. 블록 크기 문제를 개선할 수 있는 세그윗 기술은 이 제2회 회의에서 제안된 기술이다. 2016년 10월에는 밀라노, 2017년 11월에는 미국 스탠포드대학교에서 개최되어 개인정보보호 문제를 포함한 다양한 시점에서 비트코인의 고도화에 대한 제안이 논의되었다. 그리고 2018년 워크숍은 가을쯤 도쿄에서 열릴 예정이라는 발표가 있었다. 여기에는 일본의 블록체인 학술 연구 단체인 BASE Blockchain Academic Synergized Environment 가 아카데믹 호스트로서 중립성을 지키는 조직으로 참가할 예정이다.

2017년에 본격화되기 시작한 ICO가 상징하듯이 비트코인과 블록체인에 관련된 금전적·정치적 이해관계가 복잡해지면서 블록체인의 정상적인 기술 발전에 장애가 될 우려도 커지고 있다. 도쿄에서 열리는 '비트코인의 확장성 2018'은 순수하게 기술적인 논의의 장이 되어야 할 것이다.

블록체인의 미해결 문제

학계가 블록체인 연구에 본격적으로 뛰어들다

2016년 말부터 2017년까지 학계에서 블록체인 연구의 흐름이 가속화되었다. 먼저 컴퓨터과학 분야에서는 미국의 2대 학술단체인 전기전자기술자협회IEEE와 컴퓨터협회ACM가 각각 'IEEE 블록체인의 보안과 개인정보보호IEEE Security and Privacy on the Blockchain, IEEE S&B'와 'ACM 블록체인, 암호화폐, 스마트 계약 워크숍 2017ACM Workshop on Blockchain, Cryptocurrencies and Contracts(BCC) 2017'을 개최했다.

암호기술 관련 유력 단체인 ESORICSEuropean Symposium on Research in Computer Security도 '암호화폐와 블록체인 기술에 관한 국제 워크숍 International Workshop on Cryptocurrencies and Blockchain Technology, CBT'을 개최했다. 이처럼 다양한 학술 커뮤니티에서 블록체인에 대해 논의하는 국제회의가

만들어졌다. 이 외에도 금융계의 암호기술 국제회의 '금융 암호기술 Financial Cryptography'에서 비트코인 워크숍이 동시에 개최되어 블록체인 기술이 논의되었다. '제2회 링크드 데이터와 분산원장에 관한 국제 워크숍 2nd International Workshop on Linked Data and Distributed Ledgers', '개인정보보호, 보안, 신뢰&블록체인 기술 워크숍 Workshop on Privacy, Security, Trust & Blockchain Technologies' 등의 회의에서도 블록체인에 관한 연구논문 발표가 적극적으로 이루어졌다.

학계 사람들에게 학술지에 논문을 싣는 것은 아주 큰 인센티브가 된다. 이런 동기부여를 위해 2016년 12월에 피츠버그대학교의 온라인 논문 시스템을 이용하여 블록체인 전문 학술지 〈레저 LEDGER〉 제1호를 발행했다(필자는 〈레저〉의 에디터로 일하고 있다).

인터넷을 참고한 학계의 활동으로는 필자가 공동설립자인 비세이프 네트워크 BSafe.network가 있다. 비세이프 네트워크는 대학교가 모여서 만든 중립적인 블록체인 연구 네트워크다. 각 대학교에 블록체인 노드를 하나씩 설치하여 이 네트워크에서 자유롭게 연구와 실험을 할 수 있도록 만들었다. 연구 영역은 기술 분야에 한정되지 않고 경제적·법적 측면도 포함한다.

인터넷의 기술개발에는 1985년부터 1995년까지 미국과학재단 NSF이 자금을 지원했다. 인터넷 기술의 성숙도를 높이기 위한 실험 네트워크 'NSFNET'을 구축하고 이를 상용 인터넷으로 이행한 역사가 있다.

블록체인의 미해결 문제

NSFNET가 인터넷에서 해낸 역할을 비세이프 네트워크가 블록체인에서 하려고 한다. 집필 시점에서 노드는 북미, 유럽, 아시아, 아프리카의 25개 대학교에 설치되어 있으며, 일본에도 4개가 있다. 2017년에는 정식으로 조직화되고 본격적인 연구를 시작한다.

2018년에는 라이트닝 네트워크로 대표되는 오프체인 기술의 국제적인 공개경쟁을 개최하고 비세이프 네트워크에서 결과를 평가·공개하여 앞으로의 블록체인과 오프체인 기술 발전에 기여해나갈 것이다. 한편 개별 대학교에서도 블록체인을 연구하는 조직이 등장했다. 미국 MIT의 디지털 커런시 이니셔티브, 코넬대학교를 중심으로 한 IC3이 대표적이다.

비세이프 네트워크에서 중요하게 생각하는 원칙은 중립성이다. 비트코인의 확장성 논의에서는 기술적인 사양의 타당성 이전에 법정화폐와 교환할 수 있는 비트코인의 '가격'이라는 경제적 인센티브가 큰 의미를 가졌다. 반대로 말하자면 아무리 블록체인의 발전에 중요한 신기술이라 하더라도 이해관계자의 경제적 인센티브로 인해 기술이 채택되지 않을 수도 있다는 것이다. 비세이프 네트워크는 이런 잡음을 제거하기 위해서 필요한 중립적인 역할을 하려고 한다.

전 세계적으로 학술적인 활동이 활발해지는 가운데 최근 몇년이 세력도가 정해지는 중요한 시점이라고 생각한다.

일본에서 시작된
중립적인 학술 활동

일본에서도 '블록체인 기술의 진보'에 초점을 맞춘 중립적·개방적 학술 활동이 시작되었다. 2016년에 도쿄대학교 생산기술연구소가 생산기술연구장려회 내에 '분산원장과 그 응용 기술' 연구회를 설치했다. 그리고 2017년에는 게이오기주쿠대학교 SFC 연구소가 블록체인 연구실을 설립했다.

2017년 7월에는 일본을 중심으로 국제적인 블록체인 기술의 중립적·개방적 연구를 실시하는 학술 단체 BASE가 만들어졌다. BASE는 인터넷의 기술개발에서 WIDE Widely Integrated Distributed Environment 프로젝트가 담당한 역할을 블록체인 연구개발에서 수행하기 위한 목적으로 만들어졌다.

앞에서 언급한 도쿄대학교와 게이오기주쿠대학교가 발족 시에는 중심적인 역할을 했지만, 현재는 블록체인에 관심이 있는 일본 국내의 대학교가 중심이 되어 널리 개방된 산학연계를 주도하는 활동을 해나가고 있다.

블록체인 기술은 아직 미숙하다. 정상적인 발전의 초기 단계라는 인식을 가지고 개별 비즈니스, 경제적 이익, 정치적 이익과는 확실히 선을 그은 상태에서 다수의 대학교와 기업이 각각의 이해관계로부터 독립하여 블록체인 기술의 연구개발을 해나가야 한다.

인터넷의 기술개발 과정에서는 WIDE 프로젝트를 비롯한 전 세계의 산학연계의 결과로 다양한 기술이 탄생했고, 그 기술이 BSD나 리눅스Linux와 같은 오프소스 소프트웨어에 적용되었다. 블록체인에서도 이런 과정이 필요할 것이다.

블록체인 기술과 비즈니스에 대해 '일본은 앞서 나가고 있다', '아니, 일본은 뒤처지고 있다'와 같은 다양한 의견이 난립하고 있다. 하지만 현재 블록체인 기술의 성숙도를 보면 '전 세계적으로 미숙하며 기대치와 비교하면 모두가 뒤쳐진 상태'라고 하는 편이 타당할 것 같다. 블록체인 기술이 현재의 인터넷 기술과 같은 신뢰를 얻을 때까지의 과정을 마라톤에 비유하자면 지금은 최초의 1킬로미터도 뛰지 못한 상태라 할 수 있다.

앞서 소개한 비세이프 네트워크의 세계 최초의 노드는 게이오기주쿠대학교에 설치되었다. 비세이프 네트워크의 활동을 일본의 대학교가 선도하고 있는 것이다. BASE의 활동 중 하나는 비세이프 네트워크에 기여하는 것이다. WIDE를 중심으로 한 네트워크 기술 전문가, 암호 및 정보 보안 전문가 등 폭넓은 분야의 전문가가 모인다면 중립적이며 개방적인 블록체인 기술 개발에서 전 세계를 선도할 수도 있을 것이다.

국제표준화의 움직임과
이에 대한 우려

한 기술이 사회 기반으로 기능하려면 상호호환성을 유지한다는 관점과 높은 수준의 기술을 이용한다는 관점에서 기본적으로 국제적인 표준화가 이루어져야 한다. 그런데 필자는 현 시점의 블록체인의 성숙도를 감안하면 기술의 표준화는 시기상조라고 생각한다. 아직은 기술이 더 발전하여 기술의 요구 조건이나 아키텍처가 변할 수 있다고 생각하기 때문이다.

블록체인을 국제적으로 표준화하려는 움직임은 이미 시작되었다. 웹 기술의 표준화 단체인 월드와이드웹 컨소시엄W3C은 2016년 6월에 국제회의를 개최하고 W3C의 입장에서 블록체인과 관련된 새로운 표준화 현안이 없는지 검토했다.

ISO/IEC에서는 오스트레일리아의 제안으로 표준화를 위한 새로운 기술위원회인 TC307의 설치가 결정되었다. 2017년 4월 제1회 회의가 시드니에서 열렸고, 같은 해 11월 제2회 회의가 도쿄에서 열렸다. 현재 블록체인에서 사용되는 용어를 통일하기 위해 용어학적 논의가 먼저 이루어지고 있으며, 이 분야의 표준이 정해질 예정이다. 이런 이유도 있기 때문에 아직 기술적인 표준을 만드는 것은 시기상조로 보인다. 우선 보안, 개인정보보호, 개인인증, 응용, 참조 아키텍처 등의 영역에서 표준이 아니라 기술 리포트가 작성될 것이다.

이런 표준화의 움직임 속에서 우려되는 점은 기술적인 아키텍처가 유동적인 상황에서 개별 기술을 우선적으로 표준화하거나 이미 비즈니스에 사용되고 있는 기술을 어필하기 위해 표준화하는 것이다. 이런 움직임이 앞으로 등장할 유효한 기술의 표준화를 방해할 가능성도 있다. 또한 보다 좋은 기술을 공통적으로 사용하기 위한 표준화의 취지에 반하여 기업과 기술자의 광고에 이용될 위험도 있다. ISO/IEC JTC1에서 암호기술을 취급하는 'SC27/WG2'에서 반면교사가 되는 사례가 있었다. SC27/WG2에서는 암호기술이 등록제가 되어 ISO/IEC 9979에 등록 절차가 규정되고 다수의 알고리즘이 등록된 리스트가 만들어졌다.

그런데 이 리스트에는 완벽하게 안전하다고는 할 수 없는 기술과 사용되지 않는 기술이 포함되어 있었다. 광고 목적 등으로 불확실한 기술이 리스트에 존재하는 상황에서는 표준이 신뢰를 얻을 수 없고

블록체인의 미해결 문제

본래의 목적도 달성할 수 없다. 그 후, SC27/WG2에서는 ISO/IEC 9979를 폐지하고 ISO/IEC 18033이라는 형태로 신중하게 안전성과 성능의 평가를 실시한 다음 기술을 선별하게 되었다.

블록체인에서도 개별 기업이나 연구자의 광고 목적이 아니라 중립적으로 공평하게 선별된 기술이 표준화되는 것이 바람직하다. 웹 관련 기술이라면 인터페이스가 결정된 다음 작동되는 것이 중요하지만, 암호 기반 기술은 안전성 등을 신중하게 확인할 필요가 있다. 블록체인은 평가 방법 등도 확정되지 않은 상황인 만큼 졸속으로 표준화하는 일이 있어서는 안 될 것이다.

여기까지 블록체인의 연구개발과 표준화에 관한 세계적인 동향을 소개했다. 일본의 응용과 비즈니스를 중심으로 한 논의와는 온도 차가 느껴지는 부분도 있을 것이다. 국내에서 기술을 발전시켜나가는 것도 중요하지만 세계적으로 벌어지는 경쟁 상황을 이해하는 것도 필요하다. 특히 블록체인의 응용은 기본적으로 국경을 넘어설 수 있다는 지점에 이점이 있기 때문에 항상 국제적인 동향을 의식해야 한다.

급속하게 발전하는 기술과 규제와의 관계

2017년에는 국제적으로 두 가지 큰 흐름이 만들어졌다. 하나는 ICO가 블록체인의 응용 분야로 등장한 것이고, 다른 하나는 비트코인이 몇 번이나 분열 소동을 일으킨 것이다.

ICO는 IPO(주식공개상장)에 비해 벤처캐피탈 VC 등의 이해관계자의 관여 없이 직접 기업이 사업 자금을 확보할 수 있는 방법으로 '자금조달의 민주화'와 같은 캐치프레이즈로 주목받고 있다. 그런데 그 대부분에 사기성 요소가 포함되어 있다는 이유로 각국에서는 ICO에 대한 규제의 움직임이 생기기 시작했다. ICO의 적법성이나 규제 관련 논의는 현재 진행 중이기 때문에 이 책에서는 다루지 않았지만, 기술적인 관점에서 언급할 수 있는 부분이 있다면 블록체인이나

블록체인의 미해결 문제

ICO 프로젝트의 실사Due Diligence가 굉장히 어렵다는 점이다.

기존의 벤처 투자나 IPO에서는 엔젤 투자자나 벤처캐피탈이 투자할 회사의 가능성에 대해 복수의 단계를 거쳐 몇 번이나 확인 작업을 실시했다. 이런 확인 작업은 재무 상태뿐만 아니라 기술적인 면도 포함해서 벤처캐피탈리스트가 미리 상정한 한정된 리스크의 범위 내에서 이루어졌다. 즉 벤처캐피탈리스트가 어느 정도 높은 확률로 실패를 예상하여 회사가 실패해도 펀드 전체로는 이익이 발생하도록 포트폴리오를 구성하기 때문에 운영이 가능한 모델이다. 하지만 ICO의 경우는 이런 필터를 거치지 않고 말단 소비자에게 판단을 맡기게 된다.

그런데 일반 소비자가 ICO 프로젝트의 소프트웨어와 시스템이 올바르게 작동할지 판단하는 것은 굉장히 어려운 일이다. 샌프란시스코에서 열린 이벤트에서 벤처 법무 담당자가 "깃허브Github(세계 최대의 오픈소스 코드 저장소)에 저장된 소프트웨어를 검증하는 것밖에 방법이 없다"라고 말하기도 했지만, 소프트웨어가 제대로 작동할지 판단하는 것은 이 책에서 형식 검증의 어려움을 설명한 것처럼 소프트웨어 전문가에게도 어려운 과제다. 일반 소비자에게는 불가능이라고 해도 과언이 아니다.

이처럼 프로젝트의 건전성 확인 프로세스와 설명 책임을 생략하는 상태가 건전하다고 할 수 있는지 엄밀하게 검토해봐야 한다. 스타트업 기업의 대부분 프로젝트처럼 빨리 실패해서 개선하는 방법Fail

Fast으로 블록체인 비즈니스를 개발할 수도 있다. 하지만 전문가의 눈으로 리스크를 계산할 수 있는 벤처캐피탈 자금으로 실험을 하는 것과는 달리 일반 소비자의 자금으로 실험을 하는 것이 과연 올바른 일인지, 여기서 이용되는 토큰에 회사에 관한 어떤 가치도 없는 경우 어떻게 취급할 것인지 생각해봐야 한다. 또한 프로젝트의 리스크를 고려한 기술적 수단을 일반 소비자가 가질 수 없다는 점에도 유의해야 한다.

블록체인의 분열 문제는 비트코인처럼 탈중앙화된 블록체인 프로젝트의 거버넌스 문제가 강렬한 형태로 표면화된 것이라고 설명할 수 있다. 현재 블록체인 네트워크가 유지되는 인센티브는 채굴자에게 지급되는 코인이며, 커뮤니티의 운영 방식에서도 채굴자의 인텐시브와 의견이 강력한 힘을 가진 상태다. 이 책에서도 설명한 것처럼 사토시 나카모토의 논문에서는 비트코인과 엔이나 달러 같은 법정화폐의 교환은 고려되지 않았다. 하지만 현재 법정화폐와의 교환 비율의 움직임은 다수의 비트코인 프로젝트의 동향을 좌우하고 있으며, 이 교환 비율을 정당화하는 정보나 이론 없이 분열에 의한 교환 비율의 동향이 새로운 분열을 낳는 요인이 되기도 한다.

이처럼 블록체인을 유지하는 인센티브와 거버넌스 문제는 비트코인 설계 당시의 예상을 뛰어넘었기 때문에 컴퓨터 과학뿐만 아니라 경제학이나 게임이론 등 다양한 배경을 가진 연구자가 보다 건전하고 지속적인 인센티브를 설계해나가야 할 것이다.

블록체인의 미해결 문제

블록체인이 비즈니스의
최종 승자를 결정한다

이 책에서는 블록체인이 '사회 기반이 되기 위한' 과제를 냉정한 시각에서 해설했다. 현재 블록체인 기술에는 수많은 과제가 남아 있지만, 앞으로 본격적으로 기술개발을 진행해야 할 굉장히 흥미로운 단계에 와 있다고 말할 수 있다.

이 책의 편집을 진행하는 시점에서 블록체인을 둘러싼 사회적, 비즈니스적 주목도는 점점 더 높아지고 있다. 이것은 집필진이 블록체인 기술의 연구개발에 직접 참여하면서 본 블록체인 기반 기술의 발전과는 굉장히 괴리된 속도감이다. 2015년부터 다양한 실증실험이 이루어지고 있지만, 이들 중 지속적으로 비즈니스로 연결된 사례는 찾아보기 힘들다. 이런 상황은 목표와 현실의 갭이 현저하게 드러난 결과로도 볼 수 있을 것이다.

이른 단계에서 거액의 자금을 조달한 기업 중에도 이 갭을 메우는 방법을 찾지 못한 기업이 있다. 또한 ICO의 인기에 편승하여 사기성 짙은 행동을 보이는 기업도 있다. 하지만 인터넷 버블 전후에도 그랬듯이 결국 기술적 기반을 확실하게 다지고 본질적인 가치를 추구하는 기업이 마지막에는 인터넷 비즈니스의 승자가 되고 뛰어난 '사용자 경험User Experience'을 선사했다. 블록체인은 단순한 통신 기술이 아니라 생활과 경제 활동의 보습에 변화를 가져올 기술이기 때문에 우리의 '생활자 경험Citizen Experience'을 변화시킬 기반이 될 것이다. 사회 기반을 목표로 하는 기술인만큼 과제를 확실히 파악하여 국제적으로도 가치 있는 기술로 발전하기를 진심으로 바란다.

블록체인이 사회 기반이 되는 과정을 42.195킬로미터의 마라톤에 비유하자면 아직 최초 5킬로미터 지점도 통과하지 못한 상황이라 할 수 있다. 세계적으로 봐도 아직 미숙한 기술이며, 어느 한 국가가 선도하고 있는 상황도 아니다. 그렇기 때문에 눈앞의 이익만 보지 말고 올바른 과정을 이해한 다음 세계 최고라는 목표를 향해 경쟁을 시작하는 것이 가능하며, 또한 중요하다.

마쓰오 신이치로

블록체인의 미해결 문제

제5장 블록체인의 '무신뢰성'이라는 환상

1 Simmel, Georg: Soziologie Untersuchungen über die Formen der Vergesellschaftung, Duncker & Humblot, Berlin 1908(초판)

2 Nakamoto, Satoshi,: Bitcoin: A Peer-to-Peer Electronic Cash System, Bitcoin. org, Oct. 31, 2008, 〈https://bitcoin.org/bitcoin.pdf〉(참조: 2016-09-10)

제6장 비트코인의 '합의'의 문제

1 Satoshi Nakamoto. Bitcoin: A peer-to-peer electronic cash system, 2008.

2 Blockchain. info. Blockchain size. https://blockchain.info/charts/blocks-size.

3 Vassos Hadzilacos and Sam Toueg. A modular approach to fault-tolerant broadcasts and related problems. 1994.

4 Tushar Deepak Chandra, Vassos Hadzilacos, and Sam Toueg. The weakest failure detector for solving consensus. Journal of the ACM(JACM), Vol. 43, No. 4, pp. 685-722, 1996.

5 Bitcoin Project. Bitcoin glossary. https://bitcoin.org/en/glossary/consensus.

6 Jim Harper. It isn't 'consensus': Toward cooler protocol debates, Sep. 2016. http://coindesk.com/isnt-consensus-toward-cooler-protocol-debates/.

7 Michael J Fischer. The consensus problem in unreliable distributed systems(a brief survey). In International Conference on Fundamentals of Computation Theory, pp. 127-140. Springer, 1983.

8 Marshall Pease, Robert Shostak, and Leslie Lamport. Reaching agreement in the presence of faults. Journal of the ACM(JACM), Vol. 27, No. 2, pp. 228-234, 1980.

9 Leslie Lamport, Robert Shostak, and Marshall Pease. The byzantine generals problem. ACM Transactions on Programming Languages and Systems(TOPLAS), Vol. 4, No. 3, pp. 382-401, 1982.

10 Konstantin Shvachko, Hairong Kuang, Sanjay Radia, and Robert Chansler. The hadoop distributed file system. In Mass Storage Systems and

Technologies(MSST), 2010 IEEE 26th Symposium on, pp. 1-10. IEEE, 2010.

11 Leslie Lamport. Paxos made simple. ACM Sigact News, Vol. 32, No. 4, pp. 18-25, 2001.

12 Flavio Paiva Junqueira, Benjamin C Reed, and Marco Serafini. Zab: High-performance broadcast for primary-backup systems. In Dependable Systems & Networks(DSN), 2011 IEEE/IFIP 41st International Conference on, pp. 245-256. IEEE, 2011.

13 Miguel Castro, Barbara Liskov, et al. Practical byzantine fault tolerance. In. OSDI, Vol. 99, pp. 173-186, 1999.

14 John R Douceur. The sybil attack. In Peer-to-peer Systems, pp. 251-260. Springer, 2002.

15 James Aspnes, Collin Jackson, and Arvind Krishnamurthy. Exposing computationally-challenged byzantine impostors. Department of Computer Science, Yale University, New Haven, CT, Tech. Rep, 2005.

16 Satoshi Nakamoto. Re: Bitcoin p2p e-cash paper, Nov. 2008. http://www.mail-archive.com/cryptography%40metzdowd.com/msg09997.html.

17 Ittay Eyal, Adem Efe Gencer, Emin Gün Sirer, and Robbert Van Renesse. Bitcoin-ng: A scalable blockchain protocol. In NSDI, pp. 45-59, 2016.

18 Gavin Andresen. March 2013 chain fork post-mortem, 2013. https://github.com/bitcoin/bips/blob/master/bip-0050.mediawiki.

19 Rafael Pass, Lior Seeman, and Abhi Shelat. Analysis of the blockchain protocol in asynchronous networks. Cryptology ePrint Archive, Report 2016/454., 2016. http://eprint.iacr.org/2016/454.

20 Juan Garay, Aggelos Kiayias, and Nikos Leonardos. The bitcoin backbone protocol: Analysis and applications. In Advances in Cryptology-EUROCRYPT 2015, pp. 281-310. Springer, 2015.

제8장 비트코인이 지닌 의외의 함정

1 Eyal 외 "Majority is not enough: Bitcoin mining is vulnerable" 2013

2 Karame 외 "Misbehavior in Bitcoin: A Study of Double-Spending and Accountability" 2015

3 Gervais 외 "Tampering with the Delivery of Blocks and Transactions in Bitcoin" 2015

4 Garay 외 "The Bitcoin Backbone Protocol: Analysis and Applications" 2015

제9장 블록체인의 가장 큰 문제, 키의 관리

1 https://www.cryptrec.go.jp/list.html

2 http://csrc.nist.gov/publications/PubsSPs.html#SP%20800

3 http://www.jnsa.org/secshindan/secshindan_11.html

4 ISO/IEC 14888-1: 2008 Information technology-Security techniques-Digital signatures with appendix

5 https://jp.thales-esecurity.com/thales-esecurity/home/products-and-services/products-and-services/hardware-security-modules

6 http://www.safenet-inc.jp/data-encryption/hardware-security-modules-hsms/

7 참고: 범죄수익이전방지법 해설(https://www.npa.go.jp/sosikihanzai/jafic/hourei/law_com.htm)

8 참고: 2015년도 사이버보안경제기반구축사업(전자서명·인증사무이용촉진사업(전자서명 및 인증 업무에 관한 조사 연구 등)) 조사 보고서(http://www.meti.go.jp/committee/kenkyukai/shoujo/denshishomeihou/pdf/h27_004_01_00.pdf)

제10장 비트코인의 암호기술은 언젠가는 해독될 것이다

1 National Institute of Standards and Technology, SP 800-57 Part 1 Rev. 4, Recommendation for Key Management, Part 1: General., NIST, 2016.

2 楠正憲, ITpro ブロックチェーンは本当に世界を変えるのか〈ブロックチェーンはスケーラブル〉という神話と現実の課題, 日経BP社, 2016年.

3 International Organization for Standardization(ISO), ISO 14533-1: 2014, Processes, data elements and documents in commerce, industry and administration - Long term signature profiles - Part 1: Long term signature profiles for CMS Advanced Electronic Signatures(CAdES), ISO, 2014.

4 European Telecommunications Standards Institute, EN 319 122-1 V1.1.1, Electronic Signatures and Infrastructures(ESI); CAdES digital signatures; Part 1: Building blocks and CAdES baseline signatures, ETSI, 2016.

5 Internet Engineering Task Force, RFC 4998 Evidence Record Syntax(ERS), IETF, 2007.

6 Internet Engineering Task Force, RFC 3161 Internet X.509 Public Key Infrastructure Time-Stamp Protocol(TSP), IETF, 2001.

7 Masashi Sato and Shin'ichiro Matsuo, "Long-term public blockchain: Resilience against Compromise of Underlying Cryptography", ICCCN 2017 Workshop on Privacy, Security and Trust in Blockchain Technologies, 2017.

제11장 블록체인 시스템의 미성숙한 개발체계

1 CELLOS: 암호 프로토콜 평가 기술 컨소시엄 참조
2 Kenneth Paterson and Thyla van der Merwe, "Reactive and Proactive Standardisation of TLS," 참조
3 Narayanan A, Bonneau J, Felten E, et al. Bitcoin and Cryptocurrency Technologies: A Comprehensive Introduction[M]. Princeton University Press, 2016.
4 Stuart Haber, W. Scott Stornetta, "How to Time-Stamp a Digital Document,", Ahto Buldas and Märt Saarepera, "On provably secure time-stamping schemes," 참조
5 松本勉, 岩村充, 佐々木良一, 松木 武: 暗号ブレイク対応電子署名アリバイ実現機構(その1)-コンセプトと概要, 第8回コンピュータセキュリティ研究会(CSEC), pp. 13-17, Mar. 2000, 日立製作所 "ヒステリシス署名とは" 참조

블록체인의 미해결 문제

블록체인의 미해결 문제

1판 1쇄 인쇄 | 2018년 7월 20일
1판 1쇄 발행 | 2018년 7월 25일

편저자 마쓰오 신이치로, 구스노키 마사노리, 사키무라 나쓰히코, 사코 가즈에,
      사토 마사시, 하야시 다쓰야, 후루카와 료, 미야자와 신이치
옮긴이 이현욱
펴낸이 김기옥

경제경영팀장 모민원 편집 변호이, 김광현
커뮤니케이션 플래너 박진모
경영지원 고광현, 임민진
제작 김형식

디자인 제이알컴
인쇄 · 제본 민언프린텍

펴낸곳 한스미디어(한즈미디어(주))
주소 121-839 서울특별시 마포구 양화로 11길 13(서교동, 강원빌딩 5층)
전화 02-707-0337 | 팩스 02-707-0198 | 홈페이지 www.hansmedia.com
출판신고번호 제 313-2003-227호 | 신고일자 2003년 6월 25일

ISBN 979-11-6007-274-7 13320